I0458600

Una guida autentica alla meditazione

Shar Khentrul Jamphel Lodrö

Curatore di Dr. Adrian Heckel

Dzokden

Autore: Shar Khentrul Jamphel Lodrö
Curatore: Adrian Hekel
Traduttore italiano: Stéphane Giardino, Daniele De Val
Curatore edizione in italiano: Daniele De Val

Prima edizione

ISBN: 978-1-958229-14-9 (Paperback)
ISBN: 978-1-958229-15-6 (ePub)

Pubblicato da:
DZOKDEN

Quest'opera è stata prodotta da Dzokden, un'istituzione no-profit gestita interamente da volontari. Questa organizzazione si dedica alla propagazione di una visione non settaria di tutte le tradizioni spirituali del mondo e all'insegnamento del Buddhismo in un modo che sia completamente autentico e allo stesso tempo pratico e accessibile alla cultura occidentale. In particolare, si dedica alla diffusione della tradizione Jonang, una gemma rara proveniente da una zona remota del Tibet che conserva i preziosi insegnamenti del Kalachakra.

Per maggiori informazioni sulle attività in programma e sui materiali disponibili, o per fare una donazione, contattare:
Dzokden
3436 Divisadero Street
San Francisco, CA 94123 USA
www.dzokden.org
office@dzokden.org

Indice

Lettera dell'autore

Le istruzioni di meditazione presentate in questo libro non sono qualcosa da leggere un paio di volte e poi mettere da parte – può essere incredibilmente prezioso familiarizzare con esse e praticarle come obiettivo per tutta la vita. Se vi dedicate a mettere in pratica queste istruzioni la vostra vita avrà un grande significato e scopo. Una pratica limitata, tuttavia, non porterà necessariamente a qualche risultato, a meno che non abbiate un grado eccezionale di abilità spirituale innata. Proprio come un acrobata non può eseguire acrobazie quando nasce e ha bisogno di esercitarsi continuamente, la meditazione è qualcosa che dovete praticare in maniera costante. Di solito avrete bisogno di grande perseveranza, impegno e saggezza, insieme all'abile guida di insegnanti o amici spirituali. Dopo un po', però, la vostra pratica diventerà una seconda natura e non sarà più necessario tanto sforzo; allora diventerà una fonte di gioia e di grande significato.

Se non riuscite a relazionarvi con idee come l'illuminazione o i jhana, ricordate che l'obiettivo essenziale della pratica buddhista è quello di essere sempre consapevoli della vostra condotta e di mantenere un buon cuore in ogni momento. Da questo punto di vista la meditazione è un metodo importante per "abituarsi" ai sentimenti di amore e compassione che dovreste cercare di sviluppare in ogni momento. Chiunque voi siate e qualunque cosa voi facciate questo vi porterà sicuramente grandi benefici.

Shar Khentrul Rinpoche Jamphel Lodrö
Belgrave, Australia

Buddha Shakyamuni in meditazione sotto l'albero della Bodhi
«Iluminación», murales del templo, Bodhgaya, India,
© por la artista, Marianna Rydvald
*www.dakiniunlimited.com * www.dakiniart.com*

Introduzione

Al giorno d'oggi la pratica della meditazione sta diventando sempre più popolare. È riconosciuta come una parte importante di uno stile di vita sano e come un aspetto essenziale di molte tradizioni spirituali. Poiché imparare a meditare correttamente può così tanti benefici, ho pensato che un libro come questo sarebbe stato utile per presentare il percorso di meditazione in un modo che fosse autentico ed accessibile.

In primo luogo, credo che questo materiale sia autentico perché si basa su insegnamenti buddhisti tradizionali che sono stati testati per oltre duemila anni – seguendo queste istruzioni, innumerevoli meditatori sono stati in grado di scoprire la vera natura della loro realtà e hanno completamente trasformato le loro vite. Questi insegnamenti offrono un approccio pratico di cui può beneficiare chiunque, indipendentemente dalla sua razza o religione. Li chiamiamo "buddhisti", tuttavia, per evidenziare che provengono da una fonte autentica.

Allo stesso tempo ho cercato di rendere questo materiale accessibile riducendo al minimo l'uso di termini tecnici e facendo riferimento a una varietà di fonti moderne. Ho cercato di riassumere diversi metodi di meditazione che non solo erano efficaci ai tempi del Buddha, ma sono anche stati usati con notevole successo dagli insegnanti dei giorni nostri.

Auspico che questo libro possa guidarvi a trovare un tipo di meditazione che vi "riporti a casa" ogni volta lo vogliate – in uno spazio di calma chiarezza in cui potete trovare pace e ripristinare la vostra energia, o da cui potete impegnarvi efficacemente nel mondo e muovervi con grazia nelle onde della vita. Ma soprattutto spero che possa servire come un "ponte" verso l'illuminazione, sia che stiate seguendo un sentiero buddhista o qualsiasi altra autentica tradizione spirituale. Per coloro che sono particolarmente interessati al sentiero buddhista, vi incoraggio caldamente ad esplorare la bibliografia alla fine di questo libro, specialmente la serie di volumi *Unveiling Your Sacred Truth* (Svela la tua sacra verità).

BUONA FORTUNA!

I preliminari

I. PERCHÉ È IMPORTANTE MEDITARE?

Tutti noi abbiamo un potenziale illimitato di sviluppare la nostra mente, eppure attualmente essa è afflitta da torpore, distrazione ed emozioni incontrollate, così come dalla possibilità che questi stati sorgano. La meditazione può purificare e raffinare la nostra mente. Da un lato può aiutarci a condurre una vita più efficiente, equilibrata, calma e serena. A un livello più profondo può aiutarci a sviluppare una potente forza mentale e concentrazione. Essere in grado di rinunciare al nostro attaccamento agli interessi mondani e sviluppare una grande compassione può portarci a scoprire la nostra natura illuminata.

Dobbiamo ricordare che la meditazione sviluppa la coscienza mentale non-fisica. Oggi stiamo cominciando a capire che i fenomeni mentali nascono da una dimensione nascosta della realtà che è più fondamentale della divisione tra mente e materia. Questo è ciò che i buddhisti credono essere la *mente sottile*, e molti meditatori lo hanno scoperto direttamente. A differenza delle coscienze dei cinque sensi, che dipendono da certi organi fisici, questa mente sottile può essere allenata in modo illimitato. Pertanto la pratica della meditazione può portare a risultati straordinari se si persevera in essa.

Vi chiederete: in che modo la meditazione vi gioverà nella vostra vita quotidiana? In primo luogo, la qualità della vostra vita dipende da come percepite e rispondete alle cose, e ciò è determinato dalla qualità della vostra consapevolezza cosciente. La pratica della meditazione può migliorare questa qualità, cosicché possiate imparare ad affrontare la vita da uno spazio di maggiore calma, chiarezza, discernimento e comprensione. Può pertanto aiutarvi a sentirvi presenti, con i piedi per terra e connessi con tutte le vostre esperienze. Invece di reagire agli eventi esterni potrete trovarvi in una posizione migliore per capire le cose come sono e rispondere in modo saggio, con pazienza e gentilezza verso voi stessi e gli altri. Sarete quindi in grado di scoprire una libertà interiore dove potrete scegliere le vostre risposte piuttosto che reagire, resistere o cercare distrazione.

La meditazione porta anche molti benefici per la salute. Essi includono il miglioramento delle capacità di gestione delle crisi, della memoria, dell'efficienza, un sonno migliore, una maggiore risposta di rilassamento, meno ansia e depressione, e una diminuzione del dolore cronico (poiché si può imparare a essere semplicemente consapevoli del dolore senza lasciarsi prendere dal dolore stesso). Può anche portare a una riduzione della pressione sanguigna e della frequenza cardiaca, a una migliore funzione immunitaria e a benefici in una vasta gamma di problematiche fisiche, tra cui malattie cardiache, diabete e cancro.

Tuttavia, il più grande beneficio della pratica della meditazione autentica è l'essere una chiave che apre la porta all'illuminazione, o allo sviluppo di grande saggezza e compassione. Questo può sembrare un concetto "lontano" ma, se sviluppate davvero l'abilità della meditazione, vedrete la vita da una prospettiva completamente nuova e riconoscerete la preziosa opportunità che questa vita vi dà di scoprire la verità della vostra realtà. Se intraprenderete genuinamente questo viaggio troverete senza dubbio anche molti altri benefici nella vostra vita.

In questo libro inizierò con la definizione di meditazione a cui seguirà una breve disamina del percorso di meditazione e di come scegliere un oggetto adatto. Poi descriverò il metodo di meditazione vero e proprio, cominciando con l'impostare il giusto ambiente esterno ed interno. Successivamente, usando la presenza mentale del respiro come esempio, viaggeremo attraverso i vari stadi della meditazione che portano alla perfetta concentrazione univoca. Subito dopo viene presentato un riassunto degli impedimenti alla meditazione e dei loro antidoti, seguito da istruzioni su come impegnarsi nella meditazione analitica e da una descrizione di diverse pratiche di meditazione avanzate.

II. COS'È LA MEDITAZIONE?

La parola "meditazione" è conosciuta in tutto il mondo. Tuttavia il suo significato è spesso limitato, frainteso e presentato in modo un po' semplicistico, almeno dal punto di vista del Buddhismo. Il significato della meditazione è vasto come un oceano e comprende un tesoro di competenze e metodi. Non è necessario comprendere i suoi numerosi significati in questa fase, ma è essenziale sviluppare una visione corretta della meditazione e comprenderne i punti più fondamentali.

In primo luogo, la parola tibetana per meditazione è *gom*, che significa sia familiarità che processo di familiarizzazione. Da una prospettiva buddhista, significa imparare a riconoscere e abituarsi a una visione della realtà che riflette la vera natura della vostra esperienza, e attraverso questo sviluppate saggezza e compassione. Praticando la meditazione in questo modo vi abituate a un senso più vero di chi siete veramente e rendete questa visione più solida e stabile man mano che la vostra concentrazione si sviluppa. Piuttosto che essere solamente qualcosa di intellettuale, questa visione può diventare parte della vostra realtà di vita.

Ad un livello semplice possiamo pensare alla meditazione come ad uno *strumento* per il benessere emotivo e mentale, e per raggiungere l'equilibrio nella nostra vita. Nel mondo moderno accumuliamo spesso molta tensione nel nostro corpo, mossi dall'abitudine al pensiero compulsivo e da una cultura che ci incoraggia ad andare sempre più in alto. La meditazione, quindi, può essere uno strumento per *scendere con grazia* e riscoprire un punto di equilibrio dove si può scegliere di stare fermi

Un monaco mostra la posizione di meditazione in sette punti di Vairochana

e ripristinare la propria energia. Trovando questo punto di equilibrio si può poi essere più efficaci e lucidi quando arriva il momento di muoversi e agire nel mondo, ad esempio nel lavoro e nella vita familiare. È come sapere dove si trova la spiaggia e potervi ritornare ogni volta che si vuole quando si nuota nell'oceano della vita e si incontrano condizioni che a volte sono calme mentre altre volte sono turbolente e tempestose. Si può anche pensare ad una borsa che si porta al proprio fianco. All'inizio è abbastanza leggera ma, se continuate a reggerla con lo stesso braccio per molte ore, diventerà sempre più pesante ogni minuto che passa. Questo è simile alla tensione che portiamo con noi – tutte le nostre storie, paure, preoccupazioni, stress e responsabilità. La meditazione vi permette di mettere giù la borsa, e potrete poi riprenderla con molta più facilità, energia e chiarezza.

Ci sono due livelli principali di meditazione: *shamatha* (conosciuta anche come calma dimorante) e *vipasyana* (o visione chiara). Shamatha si riferisce alla tecnica di meditazione univoca, in cui ci si concentra intensamente su un singolo oggetto per "abituarsi ad esso" e così unificare e concentrare la mente; essa diventa quindi molto più stabile della normale mente ordinaria. Descrive anche lo stato mentale piacevole e senza distrazioni che è il risultato della pratica di shamatha. Vipasyana, invece, si riferisce alla meditazione di meditazione profonda, che enfatizza la comprensione della vera natura della mente e dei fenomeni.

Se pensiamo ad una candela, shamatha è come la stabilità della fiamma e vipasyana è come la luminosità della fiamma. Per vedere chiaramente un'immagine è necessaria una fiamma che sia stabile e luminosa. Allo stesso modo, per scoprire la vera natura della vostra esperienza avete bisogno di una mente che sia calma e chiara. Questo non significa, tuttavia, che shamatha e vipasyana siano completamente separati. Molti insegnanti paragonano questi due metodi a due estremità di un bastone o a due lati di una mano. Più calma e concentrazione si sviluppano, più è probabile che si sviluppi visione profonda. Più visione profonda si sviluppa, più è facile per la vostra mente essere concentrata e calma.

Per eradicare completamente le emozioni disturbanti e gli stati mentali dannosi, tuttavia, è necessario che entrambi siano presenti. Ciò è noto come l'*unione* di shamatha e vipasyana.

Tutti i tipi di meditazione seguono lo stesso metodo di base:

1. Calmare il proprio corpo;
2. Concentrarsi sull'oggetto scelto;
3. Quando arrivano pensieri o emozioni, semplicemente osservare ed essere consapevole di essi;
4. Riportare delicatamente la vostra mente sull'oggetto.

La meditazione shamatha enfatizza il secondo passo, in cui ci si allena a diventare così abituati a una mente stabile o così familiari con un oggetto che i pensieri di distrazione diventano molto sottili e, alla fine, non sorgono più. La meditazione di visione profonda enfatizza principalmente il terzo passo, in cui si impara a seguire pensieri ed emozioni con piena consapevolezza e ad esaminare la loro natura. In entrambi i metodi è cruciale che non cerchiate di "bloccare" i pensieri o le emozioni, ma piuttosto siate consapevoli di essi e riportate delicatamente la vostra mente all'oggetto di meditazione.

Questi quattro passi contengono anche tre abilità chiave che si sviluppano progressivamente quando si impara a meditare. La prima è il *rilassamento*, dove il corpo impara a lasciare andare tutte le sue tensioni abituali e a sentirsi "spazioso". La seconda è la *presenza mentale*, l'assorbimento della mente nell'oggetto della meditazione, così la mente diventa "piena" dell'oggetto. L'ultima abilità è la *consapevolezza* o *vigilanza*, che si riferisce a un aspetto della mente che agisce come una guardia vigile, controllando se siete attenti o meno e rendendo l'oggetto sempre più vivido. Vi avverte anche se state cadendo in stati di torpore, agitazione o altri impedimenti, e mantiene una consapevolezza ricettiva degli oggetti sullo sfondo, come immagini e suoni. Queste tre qualità sono come le radici, il tronco e le foglie di un albero. Man mano che la nostra pratica cresce le radici del rilassamento vanno più in profondità, il tronco della consapevolezza diventa più forte e le foglie della vigilanza arrivano più in alto.

III. PANORAMICA DEL SENTIERO DELLA MEDITAZIONE

Intraprendere una pratica di meditazione inizia quando chiarite la vostra motivazione e ottenete una comprensione filosofica di dove questa pratica può portarvi. È anche utile stabilire una forte base di moralità, disciplina ed equilibrio nella vostra vita. Per alcune persone ciò può significare semplificare la vita per fare spazio alla pratica della meditazione, mentre per altri può significare diventare più attivamente coinvolti nella vita. Per altri ancora può significare entrare in un monastero o fare la scelta di seguire un particolare insieme di precetti. Questa base di disciplina vi aiuta a sviluppare la presenza mentale mentre andate avanti nella vostra vita quotidiana. La motivazione con cui vi impegnate nella pratica della meditazione può essere quella di portare beneficio a voi stessi in questa vita, di ottenere la liberazione dalla sofferenza o di raggiungere la completa illuminazione a beneficio di tutti gli esseri. Ogni motivazione è ugualmente valida e non possiamo dire che una sia migliore delle altre, tuttavia una motivazione più ampia è probabile che porti a maggiori benefici.

In generale, si inizia scegliendo un oggetto di meditazione appropriato (che si tratti di uno o più oggetti) e ci si impegna nella meditazione univoca per raggiungere la *mente shamatha*. Si progredisce gradualmente attraverso nove stati attenzionali o stadi, che conducono a uno stato stabile di pace e perfetta concentrazione che può essere diretta su qualsiasi oggetto scelto. Coloro che raggiungono shamatha saranno liberi dalle emozioni e sono in grado di rimanere in uno stato mentale di pace per un lungo periodo di tempo. Questa meditazione è comune sia alle tradizioni buddhiste che a quelle non buddhiste. Se fate qualche

*Le tre abilità chiave della meditazione: rilassamento,
consapevolezza e attenzione o vigilanza*

progresso verso il raggiungimento della concentrazione univoca, scoprirete stati di grande pace durante la meditazione e noterete molti benefici nella vostra vita quotidiana.

Se non sviluppate attaccamento a questo stato mentale di pace e avete il coraggio e la diligenza di progredire ulteriormente, raggiungerete uno stadio in cui sarete altamente motivati a continuare a praticare, ispirati da molte esperienze di beatitudine e serenità. Ciò può portare al raggiungimento di stati di concentrazione estremamente raffinati chiamati *jhana*. Questi sono stati mentali di incredibile beatitudine e completo assorbimento durante i quali si è totalmente inconsapevoli di qualsiasi realtà esterna.

Il risultato della pratica di shamatha o jhana può essere un conseguimento mondano o "samsarico", il che significa che alla fine potrebbe non portare alla liberazione dalla sofferenza. In alternativa, almeno dal punto di vista buddhista, con la giusta motivazione e saggezza questo conseguimento può essere diretto verso l'illuminazione. In questa prospettiva shamatha non è l'obiettivo finale, ma piuttosto un passo fondamentale verso la scoperta della vera comprensione della natura della vostra esperienza. Successivamente è effettivamente possibile superare tutte le emozioni e gli stati mentali distruttivi, raggiungendo una perfetta e duratura liberazione dall'esperienza della sofferenza.

Alcune persone sviluppano prima la mente calma di shamatha seguita dalla visione profonda, mentre altre sviluppano prima la visione profonda e poi la stabilità meditativa. Alcuni invece sviluppano la calma e la visione profonda allo stesso tempo, o in parallelo, mentre altri necessitano di molta perseveranza per riuscire a stabilizzare la mente e coltivare il sentiero.

IV. SCEGLIERE UN OGGETTO DI MEDITAZIONE

Al fine di trovare un percorso di meditazione a voi più congeniale, è fondamentale trovare uno o più oggetti di meditazione che si adattino al vostro tipo di personalità. Idealmente un oggetto di cui vi innamorerete. Potete scegliere questo oggetto in base alla vostra esperienza o preferenza, oppure un insegnante può raccomandarne uno. Un particolare oggetto è di solito scelto per aiutarvi a superare una specifica debolezza o perché si basa sui vostri punti di forza. Per esempio, se avete un carattere irascibile, la contemplazione della gentilezza amorevole può essere un oggetto molto adatto perché serve come antidoto alla rabbia. Se avete una personalità di *tipo sentimentale*, potreste essere attratti dalla gentilezza amorevole o dalle pratiche devozionali per una ragione diversa, poiché questo tipo di oggetto sarebbe adatto alla vostra personalità. Allo stesso modo i *tipi intellettuali* possono essere attratti da certe forme di meditazione analitica e i *tipi sensoriali* possono beneficiare di tecniche che enfatizzano la consapevolezza del corpo o la consapevolezza sensoriale.

Un'altra considerazione è che, quando si medita per raggiungere la concentrazione univoca, man mano che la concentrazione migliora si può scegliere un oggetto sempre più sottile. All'inizio un oggetto in movimento, come il camminare lento o il respirare, può essere più adatto, ma ad un certo punto è meglio concentrarsi su un oggetto stabile e non in movimento, come un'immagine sacra o un oggetto mentale visualizzato.

Secondo il Buddhismo Mahayana e Vajrayana, ci sono un numero infinito di oggetti di meditazione che si adattano a diversi tipi di esseri per sviluppare la concentrazione univoca. Gli insegnamenti Theravada, invece, descrivono quaranta diversi oggetti di contemplazione per adattarsi a persone con diversi temperamenti.

Possiamo dividere quasi tutti gli oggetti di meditazione in otto categorie:

1. Meditazioni sulla respirazione (respirazione spontanea e respirazione controllata).
2. Visualizzazioni (come un'immagine del Buddha o oggetti visivi

La meditazione camminata si concentra sulla consapevolezza del terreno

chiamati *kasina*, che rappresentano i quattro elementi e i quattro colori).

3. Meditazioni sui mantra (dove si ripete un suono o un gruppo di sillabe, spesso insieme a una visualizzazione).
4. Meditazioni di movimento (come la camminata lenta o lo yoga).
5. Meditazione sui centri energetici o chakra.
6. Meditazioni jhana (stati molto profondi di assorbimento meditativo).
7. Meditazioni analitiche (incluse contemplazioni dell'impermanenza, della gentilezza amorevole oppure preghiere e pratiche devozionali, così come l'interrogarsi sulla vera natura della realtà).
8. Meditazioni di consapevolezza aperta (inclusa la consapevolezza aperta dei contenuti della mente o la pratica al buio del tantra di Kalachakra).

Le prime sei categorie enfatizzano lo sviluppo della concentrazione univoca, mentre le ultime due enfatizzano la visione profonda; tuttavia ogni categoria può portare sia alla concentrazione che alla visione profonda. La pratica al buio del Kalachakra, per esempio, è usata per raggiungere shamatha concentrandosi sullo stato non concettuale e, ad un certo stadio, questo porta direttamente alla visione profonda della vera natura della realtà.

Se la vostra mente è afflitta prevalentemente da pensieri eccessivi o avete un "temperamento speculativo", che è abbastanza comune con i nostri stili di vita impegnati e intensi, concentrarsi sul flusso naturale del respiro può essere un modo efficace per rendere la mente ferma e rilassare il corpo. Anche la consapevolezza delle emozioni e delle sensazioni interne può aiutare a raggiungere uno stato più rilassato, così come la consapevolezza del movimento del corpo nella camminata lenta o nello yoga. Per la meditazione sulla camminata ci si dovrebbe concentrare intensamente su ogni momento del movimento dei singoli piedi, e si potrebbe sincronizzare questo con il respiro ("inspirare consapevole del piede sinistro, espirare consapevole del piede destro") oppure con un mantra (*bud-dho* è usato nella tradizione tailandese, con una sillaba recitata sottovoce ad ogni passo). L'uso del respiro come oggetto di meditazione viene descritto in maniera estesa più avanti in questo libro.

Se la vostra emozione afflittiva predominante è l'odio o la rabbia, allora la gentilezza amorevole, chiamata anche *metta*, può essere un buon oggetto di meditazione. Allo stesso modo, la meditazione sulla gioia empatica può essere un oggetto adatto se avete una tendenza alla gelosia. Per meditare sulla gentilezza amorevole, dovreste riconoscere che tutti gli esseri cercano la felicità, proprio come voi, e coltivare il desiderio che gli altri trovino la felicità genuina e le sue cause. Questa meditazione è la base per le contemplazioni più avanzate sull'amore e la compassione presentate nella tradizione buddhista Mahayana.

Se, invece, è l'attaccamento o la lussuria è la vostra afflizione predominante, un metodo efficace è quello di portare alla mente una persona attraente e pensare a tutte le caratteristiche sgradevoli del corpo come la carne, le ossa, gli organi interni, il pus, il sangue e l'urina. Potete anche ricordare i diversi stadi di decomposizione di un cadavere umano, che gli insegnamenti Theravada descrivono *in nove stadi, conosciuti come le nove contemplazioni degli ossari*. Anche se questo può sembrare ripugnante, coloro che eseguono questa forma di meditazione sono spesso sorpresi dal fatto che la loro esperienza è di completa beatitudine, poiché la beatitudine emerge naturalmente una volta che il desiderio afflittivo viene rimosso.

Gli oggetti adatti per coloro che hanno una natura propensa alla fede (tipi sentimentali) includono ricordarsi del Buddha e dei Tre Gioielli, delle divinità e delle virtù come la generosità. Questo è valido specialmente per coloro che hanno una formazione cristiana o di altre religioni basate sulla fede, e che sono attratti dalla preghiera o dalle pratiche devozionali. D'altra parte, per coloro che appartengono al tipo intellettuale, gli oggetti adatti includono la consapevolezza della morte e dell'impermanenza, la contemplazione del corpo come un insieme di elementi e la contemplazione dell'interdipendenza. Tali contemplazioni possono anche essere un antidoto per l'orgoglio e l'arroganza.

Un metodo di visualizzazione efficace, che combina diversi di questi oggetti, è quello di diventare consapevoli che il vostro corpo ha avuto origine da afflizioni e propensioni karmiche, e poi visualizzarlo come un insieme impuro di carne, ossa, sangue, pus, escrementi e qualsiasi altra caratteristica vi venga in mente. Al centro del cuore visualizzate una luce luminosa che simboleggia la vostra natura illuminata che si irradia lentamente in tutto il corpo. La mente rimane in concentrazione univoca seguendo la luce senza distrazioni e tutto il tuo corpo diventa luce luminosa indistruttibile. Ciò simboleggia la completa purificazione e il graduale raggiungimento della vostra natura illuminata.

Se la vostra motivazione è pura e la vostra visione è corretta, le meditazioni tantriche che coinvolgono visualizzazioni e mantra possono essere un modo molto efficace di praticare. Queste possono essere particolarmente adatte a coloro che hanno una personalità di tipo *intuitivo*. Le meditazioni che utilizzano la visualizzazione e i mantra (conosciute come *yoga della divinità* o *stadio di generazione*) possono connettervi a un aspetto della vostra natura illuminata, e una determinata divinità può adattarsi a un particolare temperamento. Per esempio il mantra di Manjushri OM AH RA PA DZA NA DHI può essere usato per sviluppare la saggezza e il mantra Chenrezig OM MA NI PADME HUNG per richiamare la compassione. Il mantra Vajrapani, HUNG VAJRA PHET, può aiutare a generare forza e potere compassionevole. Il mantra del Buddha della Medicina, invece, può aiutarvi a guarire voi stessi in modo da poter portare beneficio agli altri: TAYATA OM BEKANZE BEKANZE MAHA BEKANZE RADZA SAMUDGATE SVAHA. Infine il mantra di Tara Bianca OM TARE TUTARE TURE SVAHA può connettervi con la qualità femminile dell'amore e della lunga vita. Ognuna di queste pratiche è associata ad una particolare visualizzazione, i cui dettagli si possono trovare in vari testi. Chiunque, con la giusta motivazione, può ricevere qualche beneficio dalla recitazione di questi mantra; tuttavia, essi sono più potenti se avete ricevuto un'iniziazione o avete intrapreso uno studio specifico.

I centri energetici o *chakras* sono un altro oggetto di meditazione, anche se generalmente nel buddhismo fanno parte di pratiche piuttosto avanzate che di solito richiedono il completamento di alcuni preliminari (noti come *stadio di completamento*). Eseguire queste pratiche da principiante è come costruire una casa senza solide fondamenta ed è improbabile che porti a molti benefici. Diverse scuole yogiche non buddhiste offrono metodi potenti per attivare i chakra e possono essere molto efficaci per certi tipi di persone. Tuttavia, se state mirando all'illuminazione, dovete esaminare attentamente se ci sono differenze tra la visione buddhista e quella yogica, e chiedervi quale percorso vi porterà maggiori benefici a lungo termine.

Un'ultima considerazione è quella di scegliere un oggetto (o degli oggetti) di meditazione che vi aiutino a sviluppare la concentrazione in modo tale da poterla integrare nella vostra esperienza di vita quotidiana. La coscienza piena del momento presente o la consapevolezza aperta può quindi essere un metodo molto pratico, facendo così in modo che la vostra esperienza della vita si rispecchi nella vostra esperienza di meditazione. Anche il vostro lavoro quotidiano può diventare una forma di meditazione – spesso vi troverete in uno stato di "flusso" quando il vostro lavoro non è né troppo noioso (portando al torpore) né troppo impegnativo (portando allo stress e all'agitazione). Infatti il Buddha disse una volta a una vecchia donna che voleva meditare di rimanere consapevole di ogni movimento delle sue mani mentre attingeva acqua da un pozzo, e questa divenne la sua pratica quotidiana.

Noterete anche vari cicli durante la giornata in cui alcuni oggetti di meditazione possono essere più adatti di altri. Se seguite attentamente i cicli naturali del corpo, scoprirete che la mente e il corpo alternano periodi di movimento (o di consumo di energia) e di quiete (ripristino dell'energia). Durante i periodi di movimento è più efficace usare un oggetto di meditazione in cui la nostra mente è "diretta" o incanalata in una direzione chiara, come una meditazione analitica, un mantra o contare il respiro. Nei periodi di quiete si possono preferire meditazioni più "ricettive", poiché la mente è naturalmente più calma, aperta e beata. Si può anche imparare a meditare durante gli stati di sogno e di sonno profondo, e questo può portare a essere in grado di mantenere una consapevolezza continua, giorno e notte.

V. CREARE L'AMBIENTE GIUSTO

Affinché un seme cresca e diventi un albero abbiamo bisogno di varie condizioni, come il terreno fertile, la luce del sole e la pioggia. Allo stesso modo, per allenare la mente alla meditazione, abbiamo bisogno di diverse condizioni esterne e interne. Include il luogo giusto, la postura giusta, lo stato d'animo giusto o la giusta intenzione e le pratiche preliminari per calmare la mente.

(i) Il luogo giusto

Innanzitutto è utile preparare un luogo che sia favorevole alla pratica della meditazione: tranquillo, pulito, privo di disordine, benedetto e libero da interruzioni o distrazioni. Certi luoghi si adattano a tipi di pratica differenti – un tranquillo ambiente boschivo, per esempio, può aiutare a sviluppare la calma e la concentrazione, mentre un luogo con un'ampia vista aperta può essere efficace per coltivare la visione profonda. Benché un ambiente rumoroso o che contiene molte distrazioni possa essere un impedimento per i principianti, se si riesce a sviluppare una buona pratica di meditazione nonostante queste sfide, questo può effettivamente portare a una maggiore realizzazione.

Quando si inizia a meditare è meglio attenersi ad un programma rigoroso e svolgere le sessioni nello stesso posto, concentrandosi sullo stesso oggetto. La quantità di tempo che trascorrete in meditazione, durante ogni pratica, dipende dalla vostra capacità e dallo stato d'animo. Da cinque a quindici minuti per sessione è un buon punto di partenza, e diverse volte al giorno è l'ideale.

(ii) La postura giusta

È anche importante conoscere gli elementi della postura che sono più favorevoli ad una mente stabile, perché la mente grossolana è temporaneamente associata e influenzata dal corpo mentre si è in vita. Anche lo sviluppo mentale è temporaneamente associato al corpo finché non lo si lascia al momento della morte. In tutte le pratiche buddhiste, le cose materiali sono considerate come un mezzo utile per un fine durante questa vita temporanea. Il corpo, in questo modo, è come una barca e il meditatore è come un passeggero. Il passeggero dipende dalla barca mentre attraversa l'oceano e senza la barca il passeggero potrebbe annegare o non riuscire a raggiungere la terraferma. Tuttavia, una volta raggiunta la destinazione, la barca non è più utile.

Si può meditare seduti, sdraiati, camminando o in piedi, e ognuna di queste posture può essere usata in modo formale o informale.

Per meditare da seduti si dovrebbe usare una comoda sedia imbottita con lo schienale dritto oppure uno sgabello o un cuscino da meditazione. Le mani sono tenute unite, oppure in grembo o sulle cosce, mentre la schiena è dritta come una freccia e il mento è leggermente in dentro. Per meditare da sdraiati, se la vostra mente è agitata potete sdraiarvi sulla schiena con le braccia lungo i fianchi e le mani aperte (anche se dovreste evitare questa postura se c'è del torpore nella vostra mente). Per favorire una maggiore chiarezza mentale potete sdraiarvi sul lato destro con la mano destra sotto il viso, le gambe unite con le ginocchia leggermente piegate e il braccio sinistro lungo il lato sinistro del corpo. Per meditare camminando o stando in piedi dovreste tenere la mano destra nella sinistra, davanti al vostro corpo, oppure, se questo vi riesce difficile, potete intrecciare le dita. Assicurandovi di avere una postura eretta ma rilassata, lasciate che le braccia pendano naturalmente.

È utile conoscere in dettaglio gli elementi della postura seduta perché è la postura più favorevole a una meditazione efficace, che è necessaria se si è determinati a raggiungere alti stati di concentrazione. Consiste di sette caratteristiche ed è conosciuta come la postura in sette punti del Buddha Vairochana. Queste sette caratteristiche includono:

1. Gambe (incrociate)

Idealmente le gambe dovrebbero essere incrociate nella *postura del vajra*, con il piede sinistro appoggiato sulla coscia destra e il piede destro sulla coscia sinistra. Se questa posizione è troppo difficile, qualsiasi posizione comoda a gambe incrociate andrà bene, sebbene si noti che si ottiene più stabilità e raccoglimento se i glutei sono sollevati in modo che le anche ruotino in avanti. Poiché i nostri corpi sono molto sensibili al nostro ambiente, sedendo a terra si può ottenere un senso della grande energia associata all'immensa terra sotto di voi, che vi sostiene e vi sorregge. Una buona posizione a gambe incrociate fornisce un eccellente equilibrio fisico e rappresenta anche l'equilibrio o unione di metodo e saggezza.

Altrettanto importante per sedersi nella posizione appropriata è essere comodi. La postura seduta ottimale contribuisce allo sviluppo della vostra meditazione, ma stare seduti comodamente significa che sarete meno distratti nella vostra meditazione e troverete molto più facile per il vostro corpo rilassarsi. Perciò potete scegliere di sedervi su una sedia con le gambe rilassate, le ginocchia ad angolo retto e i glutei ben sostenuti dalla sedia, ricordandovi di tenere la schiena dritta.

2. Mani (in grembo)

La mano destra dovrebbe essere messa sopra la mano sinistra con il palmo verso l'alto, appoggiata delicatamente in grembo (per le meditatrici femmine mettere la mano sinistra sopra la destra può essere più efficace). Le punte dei pollici dovrebbero toccare leggermente sotto l'ombelico. La posizione delle mani esprime l'unificazione del metodo e della saggezza durante la vostra pratica. Dovreste sentire un senso di rilassamento dalle spalle ai polsi, e giù fino alle mani, permettendo a qualsiasi tensione nella parte superiore del corpo di essere rilasciata.

3. *Schiena (spina dorsale dritta)*
   Il corpo dovrebbe essere tenuto in posizione eretta come una freccia o delle monete d'oro impilate, non inclinato lateralmente, all'indietro o in avanti. Questo ha un impatto enorme sui venti interni, ovvero i sottili movimenti di energia che circolano all'interno del corpo e della mente, che sono strettamente legati al respiro e possono essere usati con grande effetto in certe pratiche avanzate. La schiena dritta aiuta anche la mente a rimanere vigile e attenta. Dovreste cercare di sentirvi stabili e sgombri all'interno del vostro corpo, dalla cima della testa alla base. Potete fare dei piccoli aggiustamenti durante la meditazione per assicurarvi che la vostra postura sia blanciata e dritta. L'obiettivo è di rimanere fermi, rilassati e attenti; essere rigidi e immobilizzati è un ostacolo alla consapevolezza.

4. *Spalle e gomiti (tirati indietro e leggermente distanti dal corpo)*
   Le spalle e le braccia dovrebbero essere tirate un po' indietro e leggermente curvate, in modo che siano disposte simmetricamente su entrambi i lati del corpo, il che aiuta i polmoni a espandersi correttamente e aiuta la respirazione durante la meditazione. I gomiti dovrebbero rimanere un po' distanti dal corpo.

5. *Testa e collo (mento leggermente abbassato)*
   La testa non dovrebbe essere tenuta troppo alta e nemmeno troppo piegata verso il basso. Dovreste tenere la testa dritta e centrata, con il mento leggermente in dentro e il naso in linea con l'ombelico. Cer-

cate di non piegare il collo lateralmente o all'indietro.

6. *Bocca (viso rilassato e punta della lingua che tocca il palato superiore)*
I denti e le labbra dovrebbero essere tenuti in una posizione naturale con i denti che si toccano appena. È importante mantenere il viso e la mascella rilassati e tranquilli, il che impedirà una deglutizione eccessiva. La punta della lingua dovrebbe essere delicatamente posizionata dietro i denti superiori, aiutando ad acuire la mente e prevenendo secchezza e salivazione eccessiva. Se la mente è piuttosto agitata e si trova difficile raggiungere uno stato di calma, mettere la lingua dietro i denti inferiori può aiutare ad allentare e calmare la mente.

7. *Occhi (guardare oltre la punta del naso)*
Gli occhi non dovrebbero essere troppo aperti né completamente chiusi. Se sono troppo aperti si può diventare facilmente distratti, e se sono completamente chiusi la mente può diventare annebbiata o intorpidita. All'inizio, comunque, tenere gli occhi chiusi delicatamente può aiutare il vostro corpo ad entrare in uno stato di rilassamento più profondo. Dopo aver meditato in questo modo per un po' di tempo vi accorgerete di diventare naturalmente più equilibrati e potreste voler aprire leggermente gli occhi. Inoltre, quando un oggetto visualizzato viene usato come focus per la meditazione, o quando la mente è troppo agitata, è importante chiudere gli occhi.

Ci sono diversi metodi per dirigere lo sguardo. Il primo metodo consiste nel fissare direttamente davanti a sé un qualsiasi colore non troppo luminoso, oppure un oggetto piacevole o sacro, come un fiore o un'immagine del Buddha. Il secondo (e più comune) metodo è quello di indirizzare gli occhi verso il basso, fissando delicatamente e serenamente lo spazio un pò più avanti della punta del naso. Non focalizzatevi troppo intensamente, tenete i vostri occhi fermi e permettete il naturale sbattere delle palpebre. Questi due metodi sono adatti ai principianti. Altri metodi di meditazione specifici prevedono di rivolgere lo sguardo verso l'alto con gli occhi spalancati nello spazio espansivo; ciò può di fatto accadere in maniera naturale quando la mente ha raggiunto un certo livello di calma e la visione profonda chiara comincia a sorgere. Un altro metodo, ampiamente praticato nella tradizione Jonang del Buddhismo tibetano, consiste nel meditare in una stanza completamente buia, con gli occhi spalancati e lo sguardo rivolto verso l'alto, focalizzato a circa dodici pollici davanti alla fronte nell'oscurità che abbraccia tutto.

Chiunque perseveri nel praticare correttamente questa postura, indipendentemente da quanto difficile o dolorosa possa sembrare all'inizio, con il tempo la troverà estremamente comoda e benefica per la salute. Il beneficio principale, comunque, è che aiuterà la vostra pratica di meditazione e lo sviluppo mentale nel lungo termine. Se non siete interessati a praticare intensamente ed a raggiungere shamatha, può essere altrettanto efficace eseguire la pratica in qualsiasi posizione troviate comoda e in cui vi sia semplice rilassarvi.

(iii) Il giusto atteggiamento

Ci sono molte "condizioni interiori" che sono necessarie per una pratica di meditazione di successo. Secondo gli insegnamenti Theravada la rinuncia è la condizione più importante – questo significa riconoscere la verità della sofferenza e vedere la meditazione come uno strumento per superare la vostra esperienza di sofferenza. Alcune persone iniziano la meditazione con questo in mente, ma dimenticano tale intenzione e si lasciano prendere dall'autocompiacimento quando la loro pratica sta andando bene oppure la loro vita è migliorata. Il Buddha ha paragonato tutto ciò a qualcuno che cerca il legno massello ma invece taglia i rami o la corteccia da un albero e li porta via, pensando che questi siano legno massello.

Nella tradizione tibetana, il nono Karmapa descrive quattro condizioni necessarie per una meditazione di successo: la rinuncia, la fiducia in un insegnante di Dharma qualificato, una visione non settaria e una mente libera da aspettative. Se state seguendo un sentiero Mahayana, è importante considerare l'illuminazione degli altri più importante della vostra liberazione personale, ricordando la motivazione speciale della bodhicitta e invocando il sostegno del Buddha o del vostro insegnante di Dharma. Dovreste anche riaccendere questa motivazione alla fine della vostra pratica, dedicandola all'illuminazione di tutti gli esseri. Ciò assicura che i meriti della vostra pratica siano messi al sicuro e possano aumentare; altrimenti potranno venire diminuiti o distrutti dalle negatività.

Dal punto di vista pratico, dovreste considerarvi una persona "senza storia", abbandonando la preoccupazione per i ricordi del passato o del futuro, così come le distrazioni e le aspettative presenti. In particolare, dovreste abbandonare pensieri di scoraggiamento se la vostra pratica non sta andando bene ed evitare di farvi trasportare dall'orgoglio e dall'eccitazione se riscontrate delle buone esperienze durante la meditazione.

(iv) Pratiche preliminari

Per iniziare la meditazione con una mente calma e ricettiva, è utile eseguire alcune pratiche preliminari che possono aiutare a raggiungere questo obiettivo.

La prima di queste è una breve pratica della tradizione tibetana chiamata *esalare l'aria stagnante*, che consiste nel visualizzare tutte le vostre impurità che vengono soffiate con forza fuori dalle vostre narici. Ciò aiuta a rimuovere dal corpo sottile le correnti di energia controproducenti che sono associate all'attaccamento, all'avversione e all'ignoranza. Poiché il respiro e la mente sono intimamente connessi, questa pratica è un eccellente punto di partenza per qualsiasi meditazione.

Una versione semplice di questa pratica consiste nel fare tre respiri profondi, ogni volta inspirando fino alla bocca dello stomaco e trattenendo l'aria per un po', poi espirando con forza attraverso entrambe le narici mentre si visualizzano tutte le energie impure come la lussuria e l'odio che lasciano la mente e il corpo. Questo può essere ripetuto in qualsiasi momento durante la vostra meditazione se sentite che state perdendo la concentrazione.

Una versione leggermente più elaborata comporta un totale di nove respiri. Per prima cosa inspirate profondamente attraverso la narice destra mentre chiudete la narice sinistra con il pollice sinistro. Potreste voler stabilizzare la posizione della vostra mano sinistra tenendo l'indice sinistro al centro della fronte. Poi chiudete la narice destra con il dito medio sinistro e rilasciate la narice sinistra, espirando attraverso quest'ultima. Ripetete il processo tre volte e poi inspirate profondamente attraverso la narice sinistra mentre continuate a tenere la narice destra chiusa con il dito medio sinistro; poi chiudete la narice sinistra con il pollice sinistro e rilasciate la narice destra, espirando attraverso la narice destra. Ripetete questo tre volte. Infine rimettete le mani sulle ginocchia e inspirate profondamente attraverso entrambe le narici, e poi espirate attraverso entrambe le narici. Ripetete il processo tre volte, per un totale di nove respiri.

Dopo questa pratica di respirazione, un utile rituale da seguire è quello di dondolare il vostro corpo da un lato all'altro e poi essere consapevoli dei punti di contatto e dei suoni intorno a voi. Per prima cosa controllate che la vostra spina dorsale sia dritta e dondolate delicatamente il vostro corpo da un lato all'altro, con movimenti che diventano sempre più piccoli, fino a che non arrivate naturalmente ad un punto di equilibrio. Poi siate consapevoli dei punti di contatto tra le vostre gambe o piedi e il pavimento, i vostri glutei e la sedia, e le vostre mani e il vostro grembo, e poi rapidamente assicuratevi che la vostra pancia, le vostre spalle, la vostra lingua e la vostra mascella siano rilassate. Infine diventate consapevoli di tutti i suoni intorno a voi – davanti a voi, dietro di voi e ai due lati – semplicemente rimanendo ricettivi e ascoltando senza alcuna reazione. Ora siete pronti a meditare.

CAPITOLO 2

Il respiro come oggetto e gli stadi della meditazione

Descriverò ora come usare il respiro come oggetto di meditazione e come questo può portare gradualmente al raggiungimento di shama-tha. Poiché molte persone nel mondo moderno vivono in un contesto frenetico e pieno di stimoli, i pensieri eccessivi e l'agitazione sono le principali afflizioni che dobbiamo superare. Ciò è spesso legato ad una grande quantità di "tensione nervosa" accumulata nel nostro corpo. La meditazione sulla respirazione è un metodo eccellente per contrastare queste afflizioni, ed era anche il metodo di meditazione più estesamente insegnato dal Buddha.

Usando la meditazione sul respiro come modello, descriverò ora quattro stadi progressivi: consapevolezza del momento presente, portare la mente sull'oggetto, mantenere la mente sull'oggetto e mettere a punto la mente (conseguendo shamatha). Questa presentazione copre i *nove stati attenzionali progressivi* nella tradizione tibetana, basati sugli insegnamenti di Buddha Maitreya e Kamalashila, così come le fasi della meditazione respiratoria presentate nell' *Anapanasati Sutta* nella tradizione Theravada. Nei primi due stadi si enfatizza il rilassamento, mentre nel terzo stadio si enfatizza la consapevolezza o la stabilità dell'attenzione. Avendo raggiunto un buon rilassamento e una buona stabilità, la vigilanza o vivacità dell'attenzione viene poi messa in rilievo negli stadi successivi.

Avete "raggiunto" un particolare stadio quando la vostra esperienza nella meditazione corrisponde alla descrizione dello stadio per la mag-

Prendere il respiro come oggetto di meditazione

gior parte della meditazione, in *tutte* le vostre sedute. Tuttavia, potrebbe sembrarvi che lo stadio raggiunto vari considerevolmente da una sessione all'altra, quindi è importante adattare il metodo al vostro stato d'animo. Se, per esempio, la vostra mente è molto più agitata del solito, è una buona idea cominciare dall'inizio, stabilendo prima una consapevolezza rilassata del corpo, delle emozioni e della mente ancorata al respiro. Generalmente si può passare rapidamente attraverso gli stadi iniziali prima di raggiungere il proprio "stadio abituale", purché ci si ricordi di non andare avanti troppo in fretta. Una "pazienza cauta" è il modo più sicuro per progredire.

Ricordate anche che il vostro percorso di meditazione non è mai fisso e, ad un determinato stadio, potreste decidere che un oggetto o un metodo di meditazione diverso è più vantaggioso. Per esempio, quando raggiungete un certo livello di concentrazione, potreste preferire meditare con la consapevolezza aperta come oggetto, usare una visualizzazione e un mantra oppure dedicare più tempo allo studio e alla meditazione analitica. Comunque, qualunque oggetto scegliate, gli stadi che portano a shamatha si applicano sempre alla vostra pratica di meditazione.

I. CONSAPEVOLEZZA DEL MOMENTO PRESENTE CON IL RESPIRO

Molte persone trovano difficile fissarsi subito su un singolo oggetto di meditazione. Lo scopo di questa prima fase, quindi, è di creare uno stato mentale ricettivo (ma non reattivo), capace di notare solamente tutti gli stimoli esterni senza reagire ad essi o impegnarsi con essi. Inoltre potete usare il respiro per ancorare la vostra consapevolezza e rilassare consapevolmente il corpo. Si può così generare rapidamente uno stato mentale che è allo stesso tempo calmo e vigile, non troppo teso e non troppo rilassato.

Cos'è la presenza mentale?

Letteralmente significa che la mente è "piena" di qualsiasi cosa stia sperimentando. È lo stato in cui notate la vostra esperienza e rimanete semplicemente presenti con ciò che è, senza pensare o descrivere quello che sta accadendo. Un maestro Theravada ha descritto la presenza mentale in cinque caratteristiche:

1. Consapevolezza *presente centrale*.
2. *Mantenere* e *dare* attenzione, sia con una focalizzazione ricettiva aperta che con una focalizzazione più raccolta.
3. Consapevolezza *non-giudicante*, facendo un passo indietro piuttosto che essere presi dal giudizio, vedendo le cose come sono e non come siamo noi.
4. *Ricettività*, aperta a una gamma completa di esperienze senza resistere o reagire, come un'antenna parabolica che riceve informazioni.
5. Consapevolezza *non personale*, non credendo a tutto ciò che viene notato o conosciuto e non prendendolo personalmente, compresi tutti i pensieri, le emozioni e le sensazioni dolorose.

Per sviluppare la presenza mentale dovete prima essere consapevoli dei diversi elementi che compongono la vostra esperienza. Tutto questo viene descritto a lungo in un insegnamento noto come i quattro fondamenti della presenza mentale tratto dal *Satipatthana Sutta*. Ciò include:

1. *Presenza mentale del corpo*
   Include la piena consapevolezza della respirazione, sapere quando state sperimentando un respiro lungo o corto, essere consapevoli del movimento del respiro e della calma che questo porta attraverso tutto il corpo. Comprende anche: piena consapevolezza della posi-

zione del corpo (sapere quando si cammina, si sta in piedi, seduti o sdraiati), piena consapevolezza di dove si sta andando, piena consapevolezza di come ci si muove, si mangia, si beve e si defeca, piena consapevolezza di quando si parla e si sta in silenzio, piena consapevolezza delle caratteristiche sgradevoli del proprio corpo, piena consapevolezza degli elementi che compongono il corpo e piena consapevolezza della morte e dell'impermanenza.

2. *Presenza mentale delle sensazioni*
Include sapere quando si sta sperimentando una sensazione piacevole, una sensazione dolorosa o una sensazione neutra. Questo può avvenire sia attraverso il contatto con i cinque sensi o attraverso il contatto con gli oggetti mentali, comprese le percezioni, i ricordi, i pensieri e le immagini mentali. Quando la vostra mente è calma possono anche sorgere sensazioni più sottili, come un senso di beatitudine o di felicità che pervade il vostro corpo.

3. *Presenza mentale della mente*
Include sapere che una mente con desiderio è una mente con desiderio, mentre una mente senza desiderio è una mente senza desiderio; sapere quando la rabbia, l'ignoranza, la contrazione, la distrazione e altri stati mentali sono presenti, e quando sono assenti; sapere anche quando la mente è concentrata e quando è libera, e quando non lo è.

4. *Presenza mentale dei fenomeni*
Significa essere pienamente coscienti di tutti i fenomeni e contenuti della mente. Può comprendere la consapevolezza di oggetti sensoriali come suoni, oggetti visivi, sapori, odori e sensazioni tattili, così come oggetti mentali come ricordi e proliferazioni dei pensieri. Tuttavia si riferisce anche al sapere che la natura di tali fenomeni è impermanente, è sofferenza (o incontrollabile) ed è priva di natura di sé.

In sintesi, presenza mentale significa essere consapevoli di una gamma completa di esperienze, iniziando con la consapevolezza del corpo ed estendendosi a sensazioni, stati mentali, oggetti sensoriali e oggetti mentali. Si può quindi scoprire che la mente può sentirsi "piena" piuttosto che frammentata, alienata o presa dai pensieri. Il *Satipatthana Sutta* afferma anche che dovreste contemplare tutti questi oggetti come oggetti "che sorgono, che passano, e che sorgono e passano", così come "internamente, esternamente e sia internamente che esternamente". Questo può dare maggiore profondità alla vostra pratica di presenza mentale, aiutandovi ad estenderla al mondo esterno e ad allineare la vostra esperienza con la visione buddhista della realtà.

Presenza mentale usando il respiro come ancora

Anche se è possibile praticare la presenza mentale semplicemente prestando attenzione a qualsiasi cosa si presenti alla vostra esperienza, può essere ancora più utile ancorare questa esperienza con la consapevolezza del respiro. Il Buddha insegnò così l'*Anapanasati Sutta* per mostrare come la presenza mentale del respiro potesse soddisfare i quattro fondamenti della presenza mentale e come questo possa portare alla liberazione.

Questo sutta dà istruzioni per *sedici respiri di presenza mentale*, che è un metodo rapido ed efficace per calmare la mente e allo stesso tempo ottenere una chiara consapevolezza della nostra esperienza. Questi sedici respiri fanno riferimento anche a sedici stadi di concentrazione che vengono realizzati in sequenza; tuttavia, qui li consideriamo insieme.

Per iniziare questa pratica dovreste trovare un posto tranquillo e stabilire la postura corretta, con il corpo dritto, ed essere attenti mentre inspirate ed espirate naturalmente. Dovreste dire a voi stessi o semplicemente sapere:

Inspirando lungo (sono) consapevole del respiro lungo (o corto),

espirando (sono) consapevole del respiro lungo (o corto)
Inspirare corto essendo consapevoli del respiro corto,
  espirare essendo consapevoli del respiro corto
Inspirare essendo consapevoli del corpo,
  espirare essendo consapevoli del corpo
Inspirare calmando il corpo,
  espirare calmando il corpo
Inspirare essendo consapevoli delle emozioni,
  espirare essendo consapevoli delle emozioni
Inspirare calmando le emozioni,
  espirare calmando le emozioni
Inspirare essendo consapevoli della gioia,
  espirare essendo consapevoli della gioia
Inspirare essendo consapevoli della felicità,
  espirare essendo consapevoli della felicità
Inspirare essendo consapevoli della mente,
  espirare essendo consapevoli della mente
Inspirare allietando la mente,
  espirare allietando la mente
Inspirare concentrando la mente,
  espirare concentrando la mente
Inspirare liberando la mente,
  espirare liberando la mente
Inspirare essendo consapevoli dell'impermanenza,
  espirare essendo consapevoli dell'impermanenza
Inspirare essendo consapevoli della dissoluzione,
  espirare essendo consapevoli della dissoluzione
Inspirare essendo consapevoli della liberazione,
  espirare essendo consapevoli della liberazione
Inspirare lasciando andare,
  espirare lasciando andare

Ripetete questo ciclo di respirazione continuamente, notando come la vostra mente e il vostro corpo diventano calmi, chiari e presenti. All'inizio è utile ripetere le istruzioni in silenzio a voi stessi mentre inspirate ed espirate, e contemplare ciascuno degli elementi di cui sopra mentre lo fate, specialmente l'impermanenza. Potete pensare, per esempio, come non ci sia un sé permanente nel vostro corpo, nelle vostre emozioni o nella vostra mente, come ognuno di questi abbia una "sofferenza" o una natura incontrollabile e come non ci sia un "sé" che controlli ciò che accade. Alla fine potete lasciare andare tutto questo e "soltanto sapere" che siete consapevoli di tutti questi vari elementi mentre respirate, entrando in uno stato di consapevolezza più ricettivo. Poi, quando la vostra mente inizia a vagare o perde interesse, potete tornare a ripetere silenziosamente le istruzioni, magari in modo condensato, usando due, quattro o otto respiri di presenza mentale. Alternando la pratica in questa maniera, con un po' di esercizio, dovreste essere in grado di mantenere una buona concentrazione.

Il respiro come "ancora" per la presenza mentale è qualcosa a cui potete sempre tornare se avete difficoltà nella meditazione o nella vita quotidiana. È come una spiaggia. Le situazioni impegnative che emergono nella meditazione o nella vita sono come le onde nell'oceano, ma se sapete come ritornare alla spiaggia, eviterete di essere portati al largo o di essere ribaltati dalle grandi onde. Potete facilmente eseguire questa pratica nella vita quotidiana, poiché respirate continuamente e state imparando ad associare la presenza mentale al respiro. Durante le pause nelle vostre normali attività potete fare alcuni respiri profondi e portarvi consapevolmente allo stato rilassato e vigile che avete sviluppato durante la meditazione formale.

II. PORTARE LA MENTE SULL'OGGETTO DI MEDITAZIONE (COME UNA CASCATA CHE CADE SULLE ROCCE)

Coltivando prima la piena consapevolezza del momento presente, scoprirete come una mente vigile può coesistere con un corpo rilassato. Poi,
per sviluppare un tipo di concentrazione più focalizzata, ci si può concentrare su un campo di attenzione più ristretto. Se si iniziasse concentrandosi su un singolo oggetto, è molto probabile che la mente e il corpo
si contrarrebbero, aggravando qualsiasi tensione preesistente. Questo è
particolarmente vero nel mondo moderno dove le persone hanno spesso una grande quantità di tensione accumulata nel corpo.

Secondo l'*Anapanasati Sutta*, il modo più efficace per iniziare questa
pratica è semplicemente osservare il respiro per un periodo di tempo
sufficiente a capire se è lungo o corto. Dite quindi a voi stessi:

Inspirando (sono) consapevole del respiro corto (o lungo),
espirando (sono) consapevole del respiro corto (o lungo).
Inspiro consapevole del respiro lungo (o corto),
espiro consapevole del respiro lungo (o corto).

La chiave della meditazione in questa fase è mantenere uno stato
mentale rilassato e il più grande ostacolo che vi troverete ad affrontare
è la tendenza della vostra mente a *controllare* il respiro. Questa istruzione vi permette pertanto di mantenere una stretta consapevolezza del
flusso naturale del respiro, ma allo stesso tempo di evitare di controllar-
lo. Lasciare andare la tendenza a controllare il vostro respiro (notando
semplicemente quando si ferma spontaneamente) vi aiuta a rilassarvi,
mentre dirigere l'attenzione sulla lunghezza del respiro aumenta la vostra vigilanza.

Il sutta non specifica dove dovremmo concentrarci sul respiro. Per raggiungere il rilassamento è di beneficio essere consapevoli del respiro attraverso tutto il corpo, ma si può trovare più naturale concentrarsi su un'area specifica come il petto o la pancia. Man mano che diventate consapevoli che tutto il corpo "respira", la vostra percezione del respiro diventa più sottile. Ciò è conosciuto come il vento interiore, che a volte si percepisce come correnti di energia che viaggiano attraverso il corpo. Potete visualizzare questo respiro sottile che circola intorno nel vostro corpo, attraversandone ogni parte in sequenza, oppure potete immaginare che tutto il vostro corpo espiri e inspiri, come se un'onda di respiro viaggiasse attraverso il vostro corpo. Potete anche aiutare il corpo a rilassarsi mettendo la lingua dietro i denti inferiori e rallentando il respiro in uscita. Tuttavia, se questi metodi non riescono a calmare la vostra mente, può essere che ci sia un'area di tensione in una particolare parte del vostro corpo, forse legata a certe emozioni dolorose – in questo caso può essere d'aiuto concentrare il respiro specificamente su quest'area, osservando tutto ciò che affiora, ed espandendo il respiro intorno a tale zona.

Un'altra tecnica in questa fase è quella di contare il respiro, con un conteggio per ogni respirazione. Un metodo è quello di ripetere "uno, uno, uno..." durante un'inspirazione ed espirazione, e poi "due, due, due..." per la durata del respiro successivo, ripetendo il processo per un totale di dieci respiri prima di contare all'indietro da dieci a uno. Un metodo alternativo è quello di contare "uno" dopo il completamento dell'inspirazione, seguito da "due" dopo aver concluso l'espirazione, ripetendo il tutto dieci volte. Un altro metodo, usato nella tradizione tailandese, è di recitare il mantra *Buddho* con il respiro: *Bud* con l'inspirazione e *Dho* con l'espirazione.

Questo stadio della meditazione sul respiro equivale all'incirca ai primi due stati attenzionali nel sistema tibetano, dove l'attenzione viene concentrata sulla comprensione delle istruzioni di meditazione e sul raggiungimento di uno stato rilassato:

1. Posizionare la mente su un oggetto

In un primo periodo mantenere la mente fissa sull'oggetto richiede molto sforzo. La vostra capacità di rimanere fissati sull'oggetto è inizialmente abbastanza limitata e ci saranno solo brevi momenti in cui riuscirete a farlo. Potrebbe sembrare che la vostra mente sia ancora più disturbata di quando non avevate ancora cominciato e avrete la sensazione che i vostri pensieri discorsivi stiano aumentando. Tuttavia, è probabile che questo significhi che state diventando consapevoli della condizione abituale della mente per la prima volta, che è la prima conquista.

Questo primo stadio si raggiunge attraverso il *potere di udire* o ascoltare le istruzioni dell'insegnante sul metodo di meditazione e su quale oggetto scegliere. Si raggiunge quando si è in grado di porre la mente sull'oggetto di meditazione desiderato anche solo per un secondo o due. Se il vostro oggetto è il respiro, ciò può essere raggiunto al primo tentativo, ma se se si tratta di una visualizzazione complessa, il tutto può richiedere diverse settimane per essere realizzato.

2. Posizionamento continuo

I periodi di distrazione sono ancora più lunghi dei periodi di concentrazione, ma i periodi durante i quali si è in grado di rimanere fissi sull'oggetto diventano più frequenti. La mente sta diventando più stabile e si può occasionalmente mantenere una concentrazione ininterrotta per circa uno o cinque minuti, e si ha la sensazione che i pensieri discorsivi stiano diminuendo. Questo stadio è raggiunto attraverso il *potere della riflessione*. Siete in grado di fissare la mente sull'oggetto ma avete ancora bisogno di ricordare le istruzioni più e più volte con consapevolezza.

Questi primi due livelli hanno lo scopo di portare la mente su un oggetto, e quindi è necessario un impegno altamente focalizzato. Gli stadi successivi, invece, hanno lo scopo di mantenere la mente lì.

I principali difetti da superare in questi due livelli sono la pigrizia, specialmente il non ascoltare attentamente le istruzioni, e il dimenticare l'oggetto di meditazione.

In questa fase il movimento dei pensieri attraverso la mente è paragonabile ad una cascata che cade sulle rocce; ciò non significa che la quantità dei nostri pensieri sta aumentando, ma piuttosto che stiamo diventando consapevoli di essi per la prima volta.

III. MANTENERE LA MENTE SULL'OGGETTO DI MEDITAZIONE (DIVENTARE COME UN FIUME CHE SCORRE IN UNA GOLA)

Nello stadio precedente si comincia a sperimentare una concentrazione continua sul respiro, dirigendo la propria attenzione alla consapevolezza della sua lunghezza oppure contando il respiro mentre il corpo diventa sempre più rilassato. Una volta che avete sviluppato una certa stabilità con questo metodo, potete semplicemente lasciare che la vostra attenzione fluisca con il respiro, seguendolo per tutta la sua lunghezza. Lasciate quindi che la vostra mente sia assorbita nel respiro dal primo momento dell'inspirazione all'ultimo momento, notando lo spazio in mezzo, e poi seguite il respiro in uscita dall'inizio alla fine. In questo modo, con il vostro corpo già abbastanza rilassato, cominciate a sviluppare una consapevolezza continua e poi la vigilanza. Secondo il sutta, si dovrebbe semplicemente sapere:

Inspirando (sono) consapevole di tutto il corpo (del respiro),
espirando (sono) consapevole di tutto il corpo (del respiro).

Di solito si considera che questa istruzione faccia riferimento alla lunghezza del respiro, anche se alcuni la interpretano nel senso che dovreste essere consapevoli del respiro che si muove attraverso tutto il vostro corpo. Come nella fase precedente, dovreste concentrarvi sul respiro, dovunque esso arrivi naturalmente, spostando l'attenzione più in basso se avete bisogno di rilassarvi di più (per esempio sulla pancia) e spostandola più in alto se avete bisogno di aumentare la vigilanza (per esempio sulla punta del naso). Allo stesso tempo, comunque, dovreste mantenere una consapevolezza periferica di tutto il corpo mentre respirate.

L'obiettivo di questa fase è di diventare così assorbiti dal respiro da non essere distratti da suoni, immagini o anche sensazioni scomode nel corpo. Specialmente se siete stanchi, la mente può diventare annebbiata. A questo punto è richiesto uno sforzo vigile per intensificare l'attenzione e catturare chiaramente ogni istante del respiro.

Gli stati attenzionali corrispondenti, che mirano a stabilire la presenza mentale e poi la vigilanza, sono i seguenti:

3. *Posizionamento rattoppato*

A questo stadio si diventa consapevoli di qualsiasi distrazione alla concentrazione e si è sviluppata la capacità di riportare la mente all'oggetto di meditazione mediante uno sforzo attraverso il *potere della presenza mentale*. Siete in grado di riportare la vostra attenzione sull'oggetto non appena la mente vaga, come cucire una toppa su un panno. In questo modo si ripristina la concentrazione e si è in grado di rimanere ininterrottamente concentrati, generalmente per circa cinque o dieci minuti. Cominciate quindi a diventare pienamente coscienti e a progredire verso la meditazione vera e propria, poiché la vostra attenzione è fissa sull'oggetto per la maggior parte del tempo praticamente in tutte le vostre sessioni di meditazione.

Arrivare anche solo a questo terzo stadio è un grande risultato e può fare una grande differenza nella vostra capacità di controllare la mente nella vita quotidiana.

4. Posizionamento ravvicinato

La vostra concentrazione è così forte in questo stadio che la mente non perde mai completamente la fissazione sull'oggetto e l'agitazione grossolana non è più un ostacolo. La mente si ritira pertanto da una vasta gamma di cose ad una focalizzazione più stretta. Si è in grado di mantenere l'oggetto continuamente, ma c'è ancora la necessità di sviluppare livelli crescenti di chiarezza o intensità e anche di affrontare l'agitazione sottile, ovvero quando una parte della mente si allontana dall'oggetto della concentrazione ma non lo perde completamente. Durante questo quarto stadio si è ottenuto il *potere della presenza mentale*, per cui si può tenere l'oggetto della concentrazione con una tale stabilità che vi si ritorna facilmente ogni volta che ci si è distratti. Tuttavia è necessario assicurarsi che questa stabilità non vada a scapito del rilassamento. Perciò potrebbe essere ancora necessario applicare tecniche per rilassare la mente al fine di gestire l'agitazione sottile, come tenere la lingua dietro i denti inferiori.

5. Disciplinare la mente

Abbiamo ora sviluppato la capacità di superare il torpore e l'agitazione grossolani, e stiamo sviluppando l'attenzione o la *vigilanza* della mente. L'ostacolo da superare in questa fase è il torpore sottile o lo sprofondamento, che sorge perché il ritiro della mente dagli oggetti estranei è andato troppo avanti. Ciò richiede molta disciplina e sforzo per essere superato. C'è il pericolo significativo di non riconoscere il torpore sottile o lo sprofondamento, che si maschera come uno stato stabile e calmo della mente, ed è necessario rimuovere questo ostacolo intensificando la propria consapevolezza con crescente vigilanza. Può essere impegnativo, tuttavia, superare il torpore sottile senza minare la stabilità, e questo a volte può richiedere un bilanciamento molto delicato. In tale fase abbiamo bisogno di generare una mente elevata attraverso l'ispirazione, per esempio ricordando le buone qualità di shamatha o gli insegnamenti del Buddha.

Può anche aiutare sollevare l'oggetto di meditazione e renderlo più piccolo oppure più nitido, e assicurarsi che la lingua appoggi dietro i denti superiori.

A questo stadio i pensieri involontari continuano a sorgere, anche se ora, invece di scorrere come una cascata, scorrono come un fiume che si muove dolcemente attraverso una gola. C'è ancora un po' di resistenza a praticare, anche se i risultati dei nostri sforzi sono di solito abbastanza evidenti.

IV. METTERE A PUNTO LA MENTE (COME UN FIUME CHE SCORRE LENTAMENTE IN UNA VALLE)

Avendo raggiunto la continua presenza mentale del respiro con un alto livello di disciplina, avete bisogno di calmarlo. Se si salta a questo passo troppo presto si può cadere in preda al torpore e alla sonnolenza. Perciò dovete assicurarvi di completare lo stadio precedente, catturando l'intero respiro, prima di poter cercare di calmarlo, proprio come dovete prima catturare un cavallo selvaggio prima di poterlo domare.

Pertanto il sutta dà l'istruzione:

Inspirando (sto) calmando il corpo (del respiro),
espirando (sto) calmando il corpo (del respiro).

La difficoltà può qui sorgere perché abbiamo usato una notevole forza di volontà per realizzare la fase precedente, mentre ora ciò che è richiesto è un gentile e costante lasciar andare. Ciò può richiedere un bilanciamento delicato, e può essere di aiuto rallentare il respiro e porre nuovamente l'accento sul rilassamento del corpo.

Il sutta poi continua:

Inspirare essendo consapevoli della gioia,

espirare essendo consapevoli della gioia
Inspirare essendo consapevoli della felicità,
espirare essendo consapevoli della felicità

Questo fa riferimento all'emergere della gioia e della felicità (*piti* e *sukha* in Pali) quando il respiro si calma, come la luce dorata dell'alba che emerge all'orizzonte orientale. Ora sviluppate un'attenzione continua del "bel respiro" e rimangono solo tracce di pensiero discorsivo. Quando si può restare su questo oggetto con facilità per molto tempo e si sperimenta una grande gioia e felicità, la mente diventa molto concentrata e si è in grado di passare allo stadio successivo.

Lo stadio successivo, secondo il sutta, è:

Inspirare essendo consapevole della mente,
espirare essendo consapevole della mente

A questo stadio la vostra attenzione è così raffinata che il respiro sembra scomparire completamente, ed è sostituito da un segno mentale acquisito più sottile conosciuto come *nimitta*. Il senso del tatto (la sensazione fisica del respiro) cessa e ora sperimentate il respiro come un oggetto puramente mentale, percepito per esempio come una luce bianca, una perla blu o eventualmente una sensazione di estasi. Ciò è come la luna piena (la mente) che esce da dietro le nuvole (il mondo dei cinque sensi). Questo oggetto sottile diventa allora il centro della vostra meditazione e vi porta attraverso gli stadi attenzionali superiori.

Ajahn Chah paragona l'emergere di questo segno ad un animale timido, che si avvicina a voi solo se siete assolutamente immobili. Così, se rimanete assolutamente fermi i nimitta si manifestano, e solo se continuate ad restare assolutamente fermi permangono. Un'altra similitudine è una stanza buia, in cui alla fine potete vedere delle forme man mano che i vostri occhi si abituano all'oscurità. Allo stesso modo, il nimitta emerge gradualmente dall'immobilità senza forma una volta che il respiro è "scomparso".

Le due righe successive del sutta ci istruiscono su cosa fare se sorgono forme sottili di torpore ed eccitazione mentre si è concentrati sul nimitta:

Inspirare allietando la mente,
espirare allietando la mente
Inspirare concentrando la mente,
espirare concentrando la mente

Può accadere che la vostra esperienza del nimitta sia spenta o macchiata, forse perché la vostra energia mentale è bassa. L'antidoto è portare più gioia nella meditazione e sperimentare questo oggetto mentale più pienamente. Potete concentrarvi più intensamente sul centro del nimitta, intensificare la vostra attenzione oppure tornare allo stadio precedente, concentrandovi sul bel respiro. Potete anche aumentare la vostra gioia ripensando ai Tre Gioielli o ricordando i benefici di virtù come l'amorevole gentilezza.

Se invece l'aspetto del nimitta è instabile dovete assicurarvi che la vostra mente sia perfettamente ferma e concentrata. Ciò significa non solo tenere ferma l'immagine, ma tenere fermo anche il conoscitore, quell'aspetto della mente che "vede" l'immagine. Quando il nimitta sorge per la prima volta si può provare paura o eccitazione, proprio come quando si incontra un estraneo per la prima volta. Allo stesso modo in cui si impara a rilassarsi in compagnia di uno sconosciuto man mano che lo si conosce, si può imparare ad allentare un po' la mente e rimanere presenti al bellissimo nimitta.

Ci sono due stadi attenzionali che corrispondono a questi stadi di meditazione sul respiro:

6. Pacificare la mente

Il torpore sottile è stato superato durante lo stadio precedente (anche se ne rimangono ancora delle tracce) e ora c'è il pericolo di rinvigorire eccessivamente la mente. Ciò porta all'insorgere di una sottile agitazione o eccitazione che deve essere pacificata. In questo stadio la presenza mentale e la vigilanza diventano più intense, essendo raffinate attraverso un'attenzione ininterrotta, e l'eccitazione sottile viene così superata. Si può abituarsi ad allentare la mente ogni volta che compare l'eccitazione sottile; ciò può essere necessario a volte, anche se in questo stadio bisogna anche aumentare la vigilanza e tendere la mente per superarla.

Nel quinto stadio il torpore sottile viene superato attraverso il potere della *vigilanza ispirata*, mentre ora durante questo sesto stadio si sta sviluppando una facoltà più forte conosciuta come *vigilanza completa*. Quest'ultima permette di vincere l'eccitazione sottile, anche se non la si elimina completamente. La qualità dell'attenzione diventa così come un canale radio nitido, senza alcun rumore esterno o statico. In tale stadio non si prova più resistenza alla pratica della meditazione e le sessioni possono durare un'ora o più.

7. *Pacificare completamente la mente*

Con l'ispirazione e la perseveranza, la vigilanza completa viene ulteriormente sviluppata, così le rimanenti tracce di sprofondamento sottile e di eccitazione vengono eliminate e quindi svaniscono completamente. Grazie al *potere della diligenza entusiasta*, si è così in grado di abbandonare lo sprofondamento sottile e l'eccitazione non appena vengono prodotti. In tale maniera, non appena si verifica lo sprofondamento, risvegliate la vostra attenzione, e quando si verifica l'eccitazione, vi rilassate leggermente. Questi squilibri attenzionali vengono così riconosciuti rapidamente e vi è posto facilmente rimedio con aggiustamenti abbastanza sottili.

V. UNIFICARE LA MENTE (COME UN OCEANO NON MOSSO DALLE ONDE)

La pratica della consapevolezza del respiro è ora passata alla consapevolezza di un bel segno mentale stabile, o nimitta. Avendo superato quasi ogni traccia di torpore ed eccitazione, la meditazione procede senza intoppi e senza sforzo. Imparate a fidarvi completamente della vostra esperienza e rimanete assorbiti dall'oggetto, cercando di rinunciare a ogni controllo mentre l'intensa bellezza del nimitta mantiene la vostra attenzione senza la vostra assistenza. Vi godete semplicemente il viaggio mentre la vostra attenzione viene attirata verso il centro o la luce si espande e vi avvolge.

Continuando con l'esempio dell'animale timido che si avvicina a voi solo quando siete fermi, notate che altri animali escono quando rimanete ancora più fermi. All'inizio escono solo animali ordinari, ma ora emergono animali strani e meravigliosi. Allo stesso modo, escono altri nimitta che vi portano a livelli di meditazione ancora più profondi. In particolare, un segno mentale più sottile, noto come segno riflesso (*patibhaga nimitta*) appare a un certo stadio, come se si staccasse dal segno acquisito. È molto più purificato, anche se non ha né colore né forma. L'apparizione di questo segno corrisponde al raggiungimento di shamatha. Gli stadi finali della pratica di Anapanasati del Buddha si riferiscono all'esperienza della meditazione jhana e della visione profonda, che sono discussi più avanti.

Questa descrizione equivale ai due stati attenzionali finali che portano direttamente a shamatha, il decimo:

8. *Concentrazione univoca*

   A questo stadio si sviluppa una speciale capacità spontanea di fissare l'oggetto univocamente per tutto il tempo che si desidera. Un piccolo sforzo è richiesto all'inizio della meditazione e poi si può fluire con lo slancio della pratica senza interruzioni e senza ulteriori sforzi. Lo sprofondamento e l'eccitazione sottili vengono quindi eliminati con un piccolo sforzo attraverso il potere della diligenza entusiasta. In questo ottavo stadio si raggiunge un *impegno ininterrotto*, il che significa che la mente può concentrarsi con continuo assorbimento sull'oggetto della concentrazione. Ciò è in contrasto con gli stadi precedenti, che sono tutti raggiunti con un impegno con interruzione.

In questo stadio potete mantenere un'attenzione altamente focalizzata per circa tre ore, e la vostra mente è ferma come un oceano immobile, non mosso dalle onde, increspato solo da un ondulazione occasionale.

9. Equanimità

Al nono stadio c'è un entrare e rimanere nella meditazione profonda senza sforzo. La mente si posa sull'oggetto in maniera spontanea, naturalmente e senza fatica. Ciò si ottiene attraverso il potere della *completa familiarità* e dell'impegno spontaneo. La mente è ora perfettamente pacificata e l'insorgere di torpore sottile ed eccitazione non è nemmeno possibile, e si può mantenere una concentrazione impeccabile per almeno quattro ore. Tuttavia, se si interrompe la pratica, il torpore e l'eccitazione possono ancora indebolire il vostro stato di equilibrio attenzionale, poiché non sono stati completamente eliminati.

Raggiungere questo nono stato attenzionale è il raggiungimento più elevato nel "regno del desiderio", che descrive lo stato mentale degli esseri umani. Ciò porta naturalmente a conseguire shamatha.

10. La realizzazione di shamatha

Quando si consegue effettivamente shamatha c'è una transizione radicale nel vostro corpo e nella vostra mente e vi sentite come una farfalla che emerge dal suo bozzolo. La vostra mente a questo punto è andata oltre il regno del desiderio e avete ora ottenuto l'accesso al *regno della forma*, una dimensione sottile della coscienza che trascende il regno dei sensi fisici.

Questo passaggio è caratterizzato da esperienze specifiche che hanno luogo in un breve periodo di tempo. Inizialmente un vento potente entra attraverso la vostra corona e si dissolve in tutto il vostro corpo, e vi sentite come se foste stati riempiti dalla beatitudine della forza di una energia dinamica. Sia il vostro corpo che la vostra mente sono ora impregnati di un particolare tipo di flessibilità, che fa sentire il corpo fluttuante e libero da disfunzioni fisiche, e riempie la mente con una sensazione travolgente di gioia. Avete un senso di completa freschezza e di aumentata capacità mentale – la vostra mente è come una lampada a olio non mossa dal vento, luminosa e chiara, indifferente a qualsiasi cosa.

Una volta che avete raggiunto shamatha potete entrare in questo stato a vostro piacimento e meditare per tutto il tempo che desiderate, senza interruzioni, e potete persino sopravvivere senza le esigenze di base come mangiare, bere e dormire. Durante la meditazione la vostra attenzione è completamente ritirata dai sensi fisici, dai pensieri discorsivi e dalle immagini mentali, anche se potete indicare a voi stessi di uscire dalla meditazione dopo un periodo specifico. Tuttavia le tendenze afflittive non sono completamente sradicate e forti emozioni possono ancora emergere in certe condizioni. D'altra parte, se siete in grado di rinunciare sinceramente alle preoccupazioni mondane e desiderate raggiungere la libertà dalla sofferenza, potete usare shamatha come strumento per ottenere una visione profonda diretta della verità dell'impermanenza, della sofferenza e dell'assenza del sé. Ciò può portare alla completa eliminazione di tutti gli stati mentali e le emozioni afflittivi poiché, quando ci si rende conto che non esiste alcun "sé", tali stati della mente non hanno nulla a cui aggrapparsi. Questo è il nirvana.

VI. UNA SINTESI DEL SENTIERO DI SHAMATHA

Tradizionalmente i nove stati attenzionali che portano a shamatha sono rappresentati dal disegno di un elefante, una scimmia e un monaco, come mostrato qui sotto. Cinque simboli rappresentano i cinque oggetti di senso, gli oggetti di agitazione della mente. L'elefante nero rappresenta il torpore mentale grossolano, la scimmia nera rappresenta l'agitazione grossolana e il monaco simboleggia il meditatore.

Da principio la scimmia nera ha il controllo completo dell'elefante, il che significa che si è naturalmente controllati dalle distrazioni. Il monaco all'inizio lavora molto duramente per cercare di portare la mente sotto il suo controllo e il fuoco simboleggia il grande sforzo che ciò richiede. Con un impegno persistente il monaco comincia gradualmente a controllare l'elefante e così, con grande disciplina, si comincia a superare l'agitazione. L'elefante diventa più bianco, il che significa che il torpore grossolano viene lentamente sradicato attraverso lo sforzo della meditazione. Tuttavia, a questo punto, una piccola lepre nera appare sopra l'elefante, a simboleggiare il torpore sottile. Continuando la pratica della meditazione con diligenza si arriva allo stadio successivo, in cui la scimmia ha perso il controllo dell'elefante ma cerca ancora occasionalmente di disturbarlo. Ciò significa che avete solo difficoltà sporadiche con l'agitazione e il torpore mentale.

Gradualmente la scimmia disturba sempre meno e il monaco ottiene un maggiore controllo dell'elefante. L'elefante diventa più bianco, fino a che non è completamente bianco. A questo punto la scimmia non può più controllare l'elefante. Infine si raggiunge lo stadio in cui la mente è stata completamente pacificata e si può controllare completamente la mente invece di essere guidati dalle emozioni. Questo è mostrato dal monaco che medita mentre l'elefante è completamente pacificato. Oltre questo stadio, vediamo il monaco meditare mentre è seduto sull'elefante. Vediamo anche due linee di arcobaleno che emergono dal cuore del

*Nove stadi progressivi dello sviluppo mentale: i sei
poteri dello studio, della contemplazione, della memoria, della
comprensione, della diligenza e della perfezione*

monaco, a simboleggiare lo sviluppo di poteri soprannaturali dopo aver padroneggiato la meditazione shamatha. Avete quindi acquisito la capacità di focalizzare la mente univocamente sullo sviluppo della visione profonda, o meditazione vipasyana. A seconda del tipo di sentiero che state seguendo, potete poi progredire attraverso vari stadi di approfondimento della visione profonda fino a raggiungere l'illuminazione.

Secondo la tradizione Theravada, realizzare shamatha usando il respiro come oggetto vi conduce alle soglie di sperimentare i jhana, stati di concentrazione ancora più brillanti e potenti, che portano direttamente alla visione profonda. Il Buddha riassunse questo percorso affermando che la coscienza piena del respiro è "una cosa che, se sviluppata e coltivata, soddisfa quattro cose" – i quattro fondamenti della presenza mentale. Questi quattro fondamenti sono descritti come "quattro cose che, se coltivate, soddisfano sette cose", ovvero i *sette fattori che portano all'illuminazione*: presenza mentale, indagine, discriminazione, energia, gioia, tranquillità, concentrazione ed equanimità. Questi sette fattori sono poi stati descritti come "sette cose che, se sviluppate e coltivate, realizzano due cose" – vera conoscenza e liberazione.

I testi affermano che sono solitamente richiesti almeno da sei a dodici mesi di pratica a tempo pieno per raggiungere shamatha, ma ciò varia significativamente tra gli individui. Nella tradizione Jonang del Buddhismo tibetano si pratica in una stanza buia con l'obiettivo di raggiungere shamatha e, per i meditatori migliori, questo richiede anche solo cento giorni. Tuttavia alcuni preliminari sono solitamente necessari per impegnarsi in questa pratica tantrica in quanto è molto avanzata.

CAPITOLO 3

Gli impedimenti alla pratica della meditazione

Conoscere gli impedimenti alla pratica della meditazione è essenziale per capire lo stato attuale della vostra mente e scoprire come affrontare emozioni e stati mentali controproducenti. Gli impedimenti che emergono durante la meditazione sono gli stessi che emergono nella vita quotidiana pertanto, imparando a superarli, si sviluppa un'abilità molto utile. Essere consapevoli degli ostacoli può anche aiutarvi a "partire da dove vi trovate" e ad avere aspettative più realistiche sulla vostra pratica, riconoscendo che ci vuole tempo per cambiare certe abitudini che durano da tutta la vita. Ad un livello più avanzato può aiutarvi ad identificare con precisione quale stadio del percorso di meditazione avete raggiunto e come procedere oltre.

Nella tradizione Theravada vengono descritti cinque impedimenti – desiderio sensuale, malevolenza, irrequietezza, rimorso e incertezza (o dubbio). Ognuno di questi può essere superato con rimedi specifici, e vengono rimossi completamente in certi stadi avanzati della meditazione. La tradizione Mahayana, invece, parla di cinque difetti nella pratica della meditazione che si verificano in vari gradi durante i nove stati attenzionali, e questi vengono superati applicando otto antidoti corrispondenti. Illustrerò prima i cinque impedimenti e poi spiegherò i cinque difetti, insieme ai loro antidoti. Seguirà una descrizione di cinque metodi per rimuovere i pensieri distraenti secondo la tradizione Theravada.

I cinque impedimenti alla pratica della meditazione

I. I CINQUE IMPEDIMENTI

I cinque impedimenti vengono gradualmente indeboliti e, infine, rimossi man mano che si progredisce sul sentiero della meditazione. Quando iniziate a meditare e scoprite quanto la vostra mente sia effettivamente rumorosa, essi possono dominare completamente la vostra pratica. Tuttavia, man mano che la pratica progredisce, essi si attenuano gradualmente e si scopre una mente naturalmente calma e chiara.

Questi cinque impedimenti sono:

1. *Desiderio sensuale*

È paragonabile ad uno stagno di foresta con acqua ferma mescolata con argilla colorata. Se voi doveste osservare il riflesso del vostro viso in questa pozza d'acqua, non lo riconoscereste né lo vedreste chiaramente. Allo stesso modo, dimorando in una mente sopraffatta dal desiderio sensuale e non sapendo come uscire da questo stato mentale, non riuscite a vedere la realtà com'è e non siete in grado di portare beneficio a voi stessi o agli altri.

Il desiderio sensuale si riferisce non solo alla lussuria incontrollata, ma anche all'attaccamento agli oggetti dei cinque sensi – immagini, suoni, odori, sapori e sensazioni tattili attraenti. La chiave per superare questo ostacolo è abbandonarlo poco a poco. Prima si può imparare ad essere ricettivi e consapevoli degli oggetti sensoriali senza reagire ad essi e, gradualmente, si sarà meno inclini ad essere distratti o "portati via" da questi oggetti nella meditazione e nella vita quotidiana. Chi ha una grande quantità di desiderio sensuale può anche beneficiare della meditazione sugli aspetti repulsivi del corpo. Può anche aiutare essere consapevoli che il più grande tipo di beatitudine o estasi, che spesso perseguiamo nel desiderio sensuale, può essere trovato *soltanto quando lasciamo andare ogni desiderio*, come nella meditazione profonda.

2. Malevolenza

È paragonata ad uno stagno di una foresta con acqua che viene riscaldata dal basso, gorgogliando e ribollendo. Se voi doveste osservare il riflesso del vostro viso in questo specchio d'acqua, non lo riconoscereste né lo vedreste chiaramente. Allo stesso modo, dimorando in una mente ossessionata dalla malevolenza, non riuscite a vedere la realtà così com'è e non siete in grado di portare beneficio a voi stessi o agli altri.

Il rimedio alla malevolenza è meditare sulla gentilezza amorevole o *metta*. La malevolenza può essere diretta verso se stessi, verso un'altra persona o verso l'oggetto della meditazione. Nel primo caso è spesso legata a sensi di colpa, ad aspettative irragionevoli nei propri confronti oppure al fatto di essere cresciuti in un ambiente privo di amore compassionevole. Può aiutare dirigere la gentilezza amorevole verso l'immagine di un bambino giovane e innocente che rappresenta la purezza della vostra vera natura. Potete contrastare la malevolenza verso gli altri in modo simile, ricordando che tutti cercano la felicità, proprio come voi, ed espandendo il vostro cerchio di *metta* per includere coloro che sono sia vicini che lontani. La meditazione può sembrare un lavoro di routine se provate malevolenza verso il vostro oggetto, quindi può essere utile vederlo come un caro amico, imparando ad amarlo e apprezzarlo come se fosse il vostro unico figlio.

3. Torpore e sonnolenza

È paragonabile ad uno stagno di una foresta con acqua immobile coperta da muschio, alghe e melma. Se doveste osservare il vostro riflesso del vostro viso in questa pozza d'acqua, non lo riconoscereste né lo vedreste chiaramente. Allo stesso modo, rimanendo nel torpore e nella sonnolenza, non riuscite a vedere la realtà così com'è e non siete in grado di portare beneficio a voi stessi o agli altri.

La chiave per superare il torpore è innanzitutto fare pace con esso e smettere di combatterlo – altrimenti la mente tende a oscillare selvaggiamente tra il torpore e l'agitazione. Se siete in uno stato di rilassamento e cominciate a scivolare nel torpore, è importante tendere la mente, rafforzando la vostra vigilanza come se camminaste sul bordo di una burrone. Potete anche riflettere sulla preziosa opportunità che avete di sviluppare la vostra mente con la pratica della meditazione o altri argomenti che vi sono di ispirazione. Tuttavia, se vi sentite ancora stanchi, è meglio riposare piuttosto che forzare la meditazione. A volte la noia potrebbe non essere il problema, ma piuttosto la malevolenza, poiché tendiamo a fuggire nella noia se non ci piace quello che stiamo facendo.

4. Irrequietezza e rimorso

È paragonabile ad uno stagno della foresta agitato dal vento, che si increspa, vortica e si agita in piccole onde. Se doveste osservare il riflesso del vostro viso in questo specchio d'acqua, non lo riconoscereste né lo vedreste chiaramente. Allo stesso modo, dimorando in una mente ossessionata dall'irrequietezza e dal rimorso, non riuscite a vedere la realtà così com'è e non siete in grado di portare beneficio a voi stessi o agli altri.

L'irrequietezza si supera coltivando un senso interiore di contentezza, libero da aspettative e felice di essere calmo e silenzioso. Può anche essere di aiuto allentare la meditazione e assicurarsi che il corpo sia rilassato. Il rimorso è legato ad un'animo inquieto e, se questo è il caso, può essere contrastato perdonando se stessi e imparando dai propri errori, sapendo che tutti commettono errori. Altri rimedi per uno stato d'animo agitato sono descritti più avanti.

5. Incertezza o dubbio

Questo impedimento sorge quando si è tormentati dall'indecisione, incapaci di decidere un corso d'azione e di portarlo a termine. Si riferisce all'incertezza sugli insegnamenti del Buddha, sull'insegnante o su se stessi. È paragonato a uno stagno della foresta la cui acqua è torbida, agitata e fangosa. Anche in questo caso, se doveste osservare il riflesso del vostro viso in questo specchio d'acqua, non lo riconoscereste né lo vedreste chiaramente. Allo stesso modo, dimorando in una mente sopraffatta dall'incertezza, non riuscite a vedere la realtà così com'è e non siete in grado di portare beneficio a voi stessi o agli altri.

L'incertezza sugli insegnamenti del Buddha può essere superata esaminandoli e riflettendo sui benefici derivanti dal seguirli. Studiandoli e praticandoli, e cercando l'incoraggiamento di amici spirituali, si può acquisire chiarezza della mente e fede che si basa sulla ragione e sull'esperienza diretta. L'incertezza sul maestro, invece, viene superata esaminandolo attentamente prima di giungere alla conclusione che sia degno di fiducia. Mentre il dubbio su se stessi può essere superato con la determinazione e con una guida abile; dovreste essere consapevoli, tuttavia, che spesso coesiste con altri ostacoli come il torpore o la malevolenza verso se stessi.

Cosa succede se, attraverso la pratica, siete in grado di superare questi ostacoli? Ciò è paragonabile a uno stagno della foresta che non è mescolato con argilla colorata, non gorgoglia e ribolle, non è coperto di muschio e melma, non è agitato dal vento, e non è torbido e fangoso, ma piuttosto chiaro, calmo e immobile; così, se voi doveste osservare il riflesso del vostro viso in questo stagno, lo riconoscereste chiaramente e lo vedreste per quello che è. Allo stesso modo, quando raggiungerete uno stato d'animo non più ossessionato dal desiderio sensuale, dalla malevolenza, dal torpore e dalla sonnolenza, dall'irrequietezza e dal rimorso o dall'incertezza, vedrete la realtà com'è e realizzerete il vostro bene e il bene degli altri.

II. I CINQUE DIFETTI E GLI OTTO ANTIDOTI

I cinque difetti e gli otto antidoti ci forniscono un quadro efficace per riconoscere e superare gli ostacoli che interferiscono con la nostra capacità di meditare. Essi descrivono i diversi ostacoli al successo della meditazione che emergono mentre si progredisce attraverso i nove stati attenzionali che portano a shamatha. La conoscenza di questi difetti e dei loro antidoti può aiutarvi ad affrontarli nel modo più rapido ed efficace possibile, non solo durante la meditazione ma anche nella vita quotidiana.

I cinque difetti includono: pigrizia, non sapere o dimenticare le istruzioni, torpore mentale e agitazione, applicazione insufficiente e applicazione eccessiva. Gli otto antidoti, invece, sono: aspirazione, fede, diligenza, flessibilità mentale, consapevolezza, attenzione, applicazione dei rimedi ed equanimità. Descriverò ora i cinque difetti insieme ai loro corrispondenti antidoti:

1. Pigrizia (antidoto: aspirazione, fede, diligenza e flessibilità mentale)

La pigrizia è un grande ostacolo alla pratica della meditazione e anche al raggiungimento di altri obiettivi. La pigrizia non si riferisce solamente al perdere tempo senza fare niente. Ci sono tre tipi di pigrizia:

1.1 Autocompiacimento

Si manifesta come non voler meditare o non essere disposti a praticare, avere una mancanza di desiderio o disinteresse nel meditare.

1.2 Mancanza di fiducia in se stessi

Si riferisce alla mancanza di fiducia in se stessi nella propria capacità di meditare e raggiungere shamatha o qualsiasi altro risultato.

1.3 Essere abitualmente occupato

Consiste nell'occuparsi di molti compiti non necessari; detto anche *pigrizia attiva*.

È vitale essere consapevoli di queste tendenze. La pigrizia può essere superata sviluppando la fede nelle eccellenti qualità della concentrazione meditativa e l'aspirazione a raggiungere queste qualità. Solo allora daremo abbastanza valore alla pratica della meditazione da renderla una priorità nella nostra vita. Questa fede e questa aspirazione ci ispirano a sviluppare la diligenza e lo sforzo gioioso, che alla fine portano alla mente una flessibilità pregna di beatitudine e una tranquillità vigile. Attraverso il potere di familiarizzare con tutto ciò, otterrete una flessibilità sia mentale che fisica, una straordinaria plasticità del corpo e della mente.

Se vi scoraggiate perché non vi sembra di fare progressi, può essere utile riconoscere l'incredibile impegno che mettiamo in altre aree della nostra vita, come allevare i figli o imparare un mestiere, attività che spesso richiedono molti anni per essere padroneggiate. Se consideriamo davvero i benefici della meditazione, possiamo giungere alla conclusione che vale la pena dedicare uno sforzo simile al compito di sviluppare la nostra mente.

2. Non sapere o dimenticare le istruzioni (antidoto: presenza mentale)

Ciò significa che l'oggetto di meditazione o altre istruzioni non sono state imparate o sono state dimenticate, quindi la mente vaga frequentemente verso altri oggetti. Cambiare troppo spesso l'oggetto della meditazione, specialmente in una singola sessione, è anche un ostacolo al raggiungimento della concentrazione univoca. Il rimedio per questo è la presenza mentale, che permette di mantenere l'oggetto della meditazione e impedisce di dimenticare le istruzioni. Presenza mentale si riferisce sia al ricordare le istruzioni di meditazione sia all'impegnare la mente in modo che diventi "piena" dell'oggetto.

Nello stesso tempo in cui si è pienamente coscienti, si può anche iniziare a sviluppare la vigilanza. Ciò significa osservare la mente che medita e rilevare quando la mente si è allontanata dall'oggetto, anche in modo sottile, così da poter applicare il rimedio appropriato. È come un commentatore non partecipante che riporta quello che sta accadendo senza prenderne parte.

3. Torpore mentale e agitazione (antidoto: vigilanza)

3.1 Agitazione grossolana:

Durante gli stadi iniziali della meditazione la mente è agitata e vaga frequentemente verso oggetti esterni. Questa agitazione si verifica quando la concentrazione è tenuta troppo stretta o c'è molta tensione nel corpo, che non è sufficientemente rilassato. Quando la mente distratta si allontana completamente dal suo oggetto di concentrazione, questo è di solito abbastanza facile da rilevare. All'inizio, tuttavia, la mente non allenata può impiegare minuti per accorgersi che l'oggetto è stato perso. L'agitazione grossolana è paragonabile al movimento di una nuvola, che è facile da riconoscere quando si verifica. Applicare il rimedio non è generalmente troppo difficile in questa fase.

Rimedio

Ci sono vari rimedi che si adattano a diversi individui. Si può abbassare l'oggetto, immaginarlo più pesante, mettere la lingua contro i denti inferiori, chiudere gli occhi per un po' o concentrarsi sulle sensazioni corporee e far rilassare tutto il corpo. Se la mente è troppo stimolata e ha bisogno di venire calmata e domata, può anche essere di aiuto meditare su un argomento che fa riflettere, come la natura di sofferenza dell'esistenza ciclica o l'imminenza della morte. Un'altra tecnica per domare la mente è quella di visualizzare un punto nero sul posto in cui siete seduti. Se siete molto agitati, l'esercizio fisico vi stancherà e farà sì che la mente vaghi meno, così come una dieta pesante e ricca di grassi. All'inizio il pensiero che vaga è molto difficile da individuare, ma con il tempo e la pratica questa consapevolezza diventa naturale.

3.2 Torpore grossolano

Si verifica quando la mente è torbida o assonnata e non c'è chiarezza, poiché la mente è eccessivamente ritirata all'interno e sul punto di addormentarsi. Qui la chiarezza si riferisce ad uno stato mentale chiaro, fresco e luminoso e non all'oggetto di meditazione.

Rimedio

Si può illuminare o sollevare l'oggetto di meditazione alzando leggermente gli occhi oppure prestando maggiore attenzione ai suoi dettagli, come se si cadesse dal bordo di una scogliera se si perdesse l'oggetto. Si può anche rischiarare la mente ricordando qualcosa di benefico o stimolante, come le qualità dei Tre Gioielli, oppure andando in un luogo elevato con una vista aperta. Un'altra tecnica per schiarire la mente è immaginare una luce bianca sulla fronte tra gli occhi. Anche stare in un luogo fresco e ventilato ravviva la mente, così come rinfrescare il viso con l'acqua, fare esercizio all'aperto e seguire una dieta leggera.
Bisogna fare molta attenzione, però, a distinguere la stanchezza dovuta alla pigrizia o al sonno eccessivo dalla stanchezza perché

si ha veramente bisogno di riposo. Bisogna anche essere consapevoli che la mancanza di volontà a volte si manifesta come stanchezza. Se avete veramente bisogno di riposo continuerete a sentirvi affaticati nonostante l'applicazione dei rimedi di cui sopra. In questo caso è importante riposare, perché lo sforzo eccessivo può essere controproducente.

3.3 Agitazione sottile

Questa è più difficile da riconoscere. Si verifica quando una parte della mente rimane comodamente sull'oggetto di meditazione mentre un'altra parte si è allontanata verso un altro oggetto senza che voi ve ne accorgiate. Ciò è paragonabile ad una scimmia che si muove rapidamente, cosa molto più difficile da rilevare.

Rimedio

Per rimediare all'agitazione sottile bisogna sviluppare una vigilanza particolarmente forte e potente. Ciò non può essere ottenuto con mezzi intellettuali, ma solo attraverso la propria esperienza e pratica. Grazie allo slancio acquisito con la pratica ripetuta, la vostra mente alla fine sarà in grado di identificare l'agitazione sottile non appena si presenta e tornare rapidamente all'oggetto.

3.4 Torpore sottile (sprofondamento)

Il difetto del torpore sottile, o sprofondamento, di solito non viene riconosciuto dai principianti perché sono generalmente troppo agitati. Viene rilevato soltanto quando un meditatore è più avanzato e ha la capacità di concentrarsi sull'oggetto con un certo grado di stabilità, di solito durante il quinto stato attenzionale. Il torpore sottile si verifica quando c'è fissazione e una certa chiarezza, ma nessuna intensità – questo significa che l'oggetto viene tenuto con poca vitalità o forza. Ciò è molto più

difficile da rilevare ed eliminare. Molti meditatori infatti si bloc-
cano qui, pensando che la loro meditazione stia andando molto
bene. Questa è una trappola comune.

Rimedio

Il rimedio per lo sprofondamento sottile è quello di sviluppare un'intensità particolarmente forte, potente e vivida, che può
essere ottenuta soltanto con una disciplina incredibile. Non è
qualcosa che può essere descritto a livello intellettuale, ma solo
sperimentato da praticanti esperti.

Può anche essere di aiuto rinfrescare la mente riflettendo su un
argomento che vi ispira, come la gratitudine verso il vostro insegnante di Dharma, i benefici di una preziosa nascita umana o
l'aspirazione a raggiungere l'illuminazione. Questi pensieri esal-
tano ed elevano la mente.

4. Applicazione insufficiente (antidoto: applicazione dei rimedi)

Significa non intraprendere sufficienti azioni per correggere il torpore, l'agitazione o la pigrizia quando si presentano. Non si riesce
ad applicare il rimedio, spesso perché si è troppo letargici o presi
dall'autocompiacimento. Il rimedio qui è agire e applicare il relati-
vo antidoto. A volte può aiutare interrompere la meditazione camminando per un po', allungando il corpo, rinfrescandosi il viso con
l'acqua o prendendo una boccata d'aria. Quando si tornerà poi al
proprio posto si potrà trovare più facile riprendere la meditazione.
Può anche essere di aiuto portare alla mente i molti benefici della
pratica della meditazione.

5. *Applicazione eccessiva (antidoto: equanimità)*

Questo è l'errore di applicare rimedi quando non sono necessari, o di applicarli in maniera eccessiva. Un esempio potrebbe essere quando lo sprofondamento e l'agitazione sono stati riconosciuti e corretti, eppure si continua ad applicare altre azioni correttive. L'antidoto a questo problema è applicare l'"equanimità". In altre parole, lasciar andare.

Se memorizzate questi cinque difetti e gli otto antidoti, la vostra meditazione non mancherà più di consistenza, ma sarà un processo dinamico da cui trarrete sicuramente beneficio. Per allenarvi a riconoscere questi difetti e applicare gli antidoti può essere utile all'inizio rilassare e tendere deliberatamente della mente in alternanza. Per esempio, potete fare diversi respiri profondi, dicendo "rilassati" con l'espirazione, allentando la postura, mettendo la lingua sotto i denti inferiori o visualizzando un punto nero sul perineo, e far seguire tutto ciò da diversi respiri dicendo "attento" con l'espirazione, tendendo la postura, mettendo la lingua dietro i denti superiori o visualizzando un punto bianco sulla fronte. Man mano che progredite, i vostri aggiustamenti diventeranno meno frequenti e sempre più sottili, mentre imparate a riconoscere rapidamente il torpore e l'agitazione, e sviluppate gradualmente le capacità di presenza mentale e di vigilanza.

III. CINQUE MODI PER RIMUOVERE I PENSIERI CHE DISTRAGGONO

La tradizione Theravada descrive cinque modi per rimuovere i pensieri che distraggono, che sono ulteriori rimedi per gli ostacoli alle pratiche di meditazione. Queste sono istruzioni molto pratiche che possono aiutare a superare i pensieri intrusivi e a calmare la mente, e sono rilevanti non soltanto per la pratica della meditazione ma anche per la vita quotidiana.

I rimedi successivi sono generalmente efficaci se quelli precedenti hanno fallito. È interessante notare che queste tecniche comprendono anche molte delle tecniche utilizzate nella psicologia moderna.

Queste cinque istruzioni sono:

1. Prestare attenzione agli stati mentali salutari

Se sorgono pensieri non salutari legati al desiderio, all'odio e all'illusione, e si presta attenzione ad altri pensieri che sono salutari, allora i pensieri non salutari si placano e alla fine vengono abbandonati e la mente diventa stabile, unificata e concentrata. Ciò è paragonabile a un abile falegname che batte ed estrae un piolo grosso usandone uno sottile.

Due processi mentali opposti non possono avere luogo simultaneamente, proprio come il fuoco e l'acqua non possono esistere allo stesso tempo. Per esempio, non potete provare amore e odio nello stesso istante, e quindi concentrarvi sulla gentilezza amorevole vi aiuterà a superare l'odio.

2. Riflettere sui pericoli dei pensieri che distraggono

Se sorgono ancora pensieri non salutari, dovreste analizzare i pericoli e gli svantaggi di tali pensieri pensando: "Sono malsani, deprecabili e causano solo sofferenza a me stesso e agli altri". Così facendo, tutti i pensieri malsani si placano e alla fine vengono abbandonati. Ciò è paragonabile a una donna amante delle collane che è disgustata, sciocca e umiliata se vede la carcassa di un serpente o di un cane appesa al collo di qualcuno.

Buddha ha usato molti esempi per mostrare i pericoli di attaccarsi a pensieri e sentimenti. Una volta li ha paragonati all'erba o alle canne sulla riva di un fiume: anche se pensate di potervi aggrappare a loro e risalire a riva, esse si staccano e voi venite trascinati dal corso del fiume. In Occidente la tradizione della *terapia cognitiva* ci stimola a riflettere sui pericoli del pensare in un determinato modo e ad analizzare come potremmo vedere le cose in modo più realistico.

3. *Non prestare attenzione ai pensieri che distraggono*

Se sorgono ancora pensieri non salutari, si dovrebbe cercare di dimenticare questi pensieri e non prestare loro attenzione, e così facendo essi si placano e alla fine vengono abbandonati. Ciò è paragonabile a qualcuno con buoni occhi che non vuole vedere le forme che si presentano nel suo campo visivo e pertanto chiude gli occhi o guarda altrove.

Questo significa che possiamo allenarci a non farci prendere o associarci con pensieri e sentimenti dolorosi. Non vuol dire che li state evitando; sono ancora lì nella periferia della vostra consapevolezza, ma vi rifiutate di credere loro o di lasciare che influenzino il vostro modo di vivere. In Occidente la tradizione dell'*Acceptance and Commitment Therapy* (ACT) ha una varietà di "tecniche di defusione" per ridurre l'impatto dei pensieri che distraggono.

4. *Fermare la formazione del pensiero*

Se sorgono ancora pensieri non salutari, si dovrebbe prestare attenzione a fermare la formazione di quei pensieri. Così facendo, tutti i pensieri non salutari si placano e alla fine vengono abbandonati. Ciò è paragonabile a un uomo che cammina velocemente pensando: "Perché sto camminando velocemente? E se camminassi lentamente?" e decidesse di camminare lentamente. Poi potrebbe pensare: "Perché sto camminando lentamente? E se mi fermassi?" e si fermerebbe. In seguito potrebbe riflettere: "Perché sto in piedi? E se mi sedessi?" e si siederebbe. Infine potrebbe considerare: "Perché sono seduto? E se mi sdraiassi?" e si sdraierebbe. Così facendo abbandonerebbe le posture più grossolane a favore di posture più sottili. Allo stesso modo, prestando attenzione a calmare le formazioni del pensiero, i pensieri non salutari si placano e alla fine vengono abbandonati.

In Occidente ci sono molte tecniche basate sulla consapevolezza e sulla consapevolezza rilassata, che aiutano le persone a conseguire una mente più calma e meno influenzata dai pensieri che distraggono.

5. *Schiacciare la mente con la mente*

Se sorgono ancora pensieri ed emozioni non salutari, il passo finale è quello di abbattere e "schiacciare" la mente con la mente, con i denti serrati e la lingua premuta contro il palato superiore della bocca. Ciò è paragonabile a un uomo forte che afferra un uomo più debole per la testa e le spalle, e lo picchia, bloccandolo e schiacciandolo. In tale modo i pensieri malsani si placano e alla fine vengono abbandonati.

Questa tecnica ricorda l'approccio tantrico del lavoro con le emozioni forti. Proprio come un medico esperto è in grado di trasformare il veleno in medicina, così anche noi possiamo imparare a riconoscere semplicemente l'energia grezza delle emozioni senza attaccarvi una storia, senza sopprimerle o seguirle impulsivamente. Per esempio, invece di lasciare che la rabbia vi porti alla vergogna o all'azione violenta, potete riconoscere l'intensa chiarezza e la profonda premura che c'è nel suo nucleo. Potete rimanere con questa sensazione finché non si dissolve, proprio come un surfista che cavalca un'onda. In Occidente ci sono tecniche simili per accettare o "rilasciare" le emozioni forti, piuttosto che evitarle o esserne travolti.

Questi cinque metodi per rimuovere i pensieri che distraggono offrono una nuova prospettiva su come superare gli ostacoli alla pratica della meditazione, e anche come superare gli stati di conflitto emotivo nella vita quotidiana. Acquisire familiarità con queste tecniche può aiutare la vostra pratica di meditazione in modo sostanziale, specialmente quando emergono forti emozioni.

CAPITOLO 4

Meditazione analitica

I. COS'È LA MEDITAZIONE ANALITICA?

Mentre shamatha enfatizza il calmare, unificare e concentrare la mente, lo scopo della meditazione analitica, o *vipasyana*, è di svegliare la mente esaminando la natura della nostra esperienza. Se costruito sulla base di una mente calma, questo processo permette di riunire i molteplici concetti differenti della filosofia buddhista in una singola comprensione unificata. In questo modo, indagare approfonditamente e ottenere una *comprensione concettuale* di questi argomenti costruisce il fondamento per raggiungere la visione profonda *non concettuale* o *diretta*. Si possono quindi vedere direttamente le Quattro Nobili Verità e i Quattro Sigilli. Dopodiché l'impermanenza, la sofferenza e l'assenza del sé sono dentro di voi, parte della vostra esperienza.

Ci sono molti livelli diversi di visione profonda, e ogni livello può essere utile per raggiungere una visione più realistica e compassionevole della realtà. Soltanto il livello più alto, tuttavia, porterà alla completa eliminazione dei nostri stati mentali ed emozioni afflittivi. Per ottenere questo è necessario aver raggiunto un livello estremamente raffinato di concentrazione – almeno shamatha. Anche se la concentrazione momentanea può darvi brevi scorci o "esperienze flash" di visione profonda diretta, specialmente se state seguendo un sentiero devozionale, ciò non sarà sufficiente a superare le afflizioni se non è accompagnato da una mente forte e stabile.

Questa affermazione è sostenuta dal grande maestro Mahayana Shantideva:

> *Rendendosi conto che uno che è ben dotato di vipasyana*
> *attraverso shamatha sradica le afflizioni mentali,*
> *si dovrebbe prima cercare shamatha.*

Allo stesso modo, Asanga afferma che non appena aver raggiunto shamatha, si dovrebbe concentrare la propria attenzione sulla mente. La tradizione Theravada concorda sul fatto che il requisito minimo per la vera visione profonda (conosciuta anche come *ingresso nel flusso*) è la mente di shamatha, poiché questa mente è temporaneamente libera dagli impedimenti. Una maggiore penetrazione, tuttavia, può essere raggiunta con gli stati di concentrazione ancora più raffinati dei jhana.

Ad ogni modo ciò non significa che si dovrebbe "rimandare" la meditazione analitica fino a dopo aver raggiunto shamatha. In primo luogo, è cruciale sviluppare una buona comprensione concettuale dei principi buddhisti fondamentali ("giusta visione"), come le Quattro Nobili Verità, le due verità e il terreno, il sentiero e il risultato, prima di intraprendere il sentiero – questo vi dà una chiara mappa di come potete arrivare alla vostra destinazione. In secondo luogo, è utile riflettere continuamente e rafforzare la vostra motivazione per praticare il sentiero ("giusta intenzione"), contemplando argomenti come l'impermanenza e la gentilezza amorevole – questa intenzione è ciò che determina il risultato della vostra pratica. In terzo luogo, una comprensione di base della saggezza buddhista può essere di grande beneficio pratico nella vostra vita quotidiana – può aiutarvi a essere meno portati a reagire e diventare più saggi e più vicini agli altri.

Il processo di meditazione analitica, a qualsiasi livello, coinvolge quelli che vengono chiamati i *tre strumenti di saggezza* – prima ascoltate o leggete un particolare insegnamento, poi lo studiate e lo contemplate, e infine dimorate con convinzione nel suo significato in una concentrazione univoca, rendendolo "parte di voi stessi". Quest'ultimo passo è ciò che in realtà intendiamo per meditazione, poiché avete già appreso e contemplato il suo significato, e ora meditate per renderlo stabile nella vostra mente. Pertanto state seguendo un processo graduale, stabilendo inizialmente la saggezza attraverso l'ascolto, poi la saggezza attraverso la contemplazione, che finalmente porta alla saggezza attraverso la meditazione.

Per prima cosa descriverò un metodo efficace per analizzare qualsiasi argomento di nostra scelta e successivamente esplorerò come possiamo usare la mediazione analitica per comprendere una varietà di argomenti presentati in questo libro, trattando sia la verità relativa che la verità ultima.

II. IL PROCESSO DELLA MEDITAZIONE ANALITICA

Per trasformare un particolare argomento in un oggetto di meditazione dovreste prima formularlo come una domanda (per esempio, "Esiste il sé nel mio corpo?") e poi dirigere la mente a investigare come questa domanda si applica a voi stessi, alla luce di tutti gli insegnamenti che avete studiato. Dovreste continuare così finché non sorge una *sensazione* di certezza e chiarezza (per esempio, che la mia mente ha solo l'abitudine di identificarsi con il corpo in certe occasioni, ma non c'è affatto un "sé" in esso!). Poi potete abbandonare l'analisi e rimanere con questa sensazione di certezza per tutto il tempo che dura, restando in uno stato mentale più ricettivo.

I pensieri discorsivi sorgeranno inevitabilmente e potete usare questo come uno spunto per ricominciare l'analisi, sullo stesso o su un altro argomento, usando i vostri pensieri in modo controllato. Quando sperimentate ancora un senso di certezza e convinzione, rimanete di nuovo con questa sensazione come prima. In tale modo potete alternare l'analisi e quiete, approfondendo e raffinando gradualmente la vostra comprensione, in maniera da essere pronti a sperimentare la realtà non concettuale della vacuità.

Jamgon Kongtrul dà alcune utili linee guida su come alternare la meditazione analitica alla quiete nel suo *Tesoro della conoscenza*:

> *Se a causa dell'intensa analisi la capacità di dimorare si*
> *deteriora,*
>   *Dimora di più in meditazione e ricarica la quiete.*
> *Se a causa del dimorare prolungato non vuoi più analizzare,*
>   *Fai la meditazione analitica per rafforzare la chiarezza della*
>   *mente.*

Così, se vi accorgete che la mente si agita praticando la meditazione analitica, dovreste permetterle di calmarsi di nuovo rilassando il corpo e praticando per un po' la meditazione a univoca. D'altra parte, se dimorare in meditazione vi porta alla noia, potete aumentare la vostra chiarezza mentale riprendendo l'analisi. Inoltre, quando ci si abitua al processo di alternanza tra analisi e quiete, alla fine si raggiunge uno stadio in cui non è più necessaria tanta analisi per dare origine alla certezza. Perciò è importante enfatizzare l'analisi quando si comincia con la pratica e poi passare rapidamente alla dimorare in meditazione quando si è più esperti.

III. LA MEDITAZIONE ANALITICA E LE DUE VERITÀ

Usando lo strumento della meditazione analitica potete contemplare qualsiasi argomento verso cui scegliete di dirigere la vostra mente. Il sentiero buddhista è strutturato in modo tale da incoraggiarci a considerare la verità relativa e la verità ultima come ugualmente importanti, e pertanto dovreste contemplarle entrambe, senza trascurarne una a spese dell'altra. La "verità relativa" ha a che fare con il modo in cui vediamo

Jamgon Kongtrul

la realtà quotidiana, mentre la "verità ultima" è la vera natura di questa esperienza. Sono come due ali di un uccello, e una non può essere pienamente sviluppata senza l'altra. All'inizio dovreste enfatizzare la contemplazione a livello della verità relativa, perché è la più rilevante per la vostra esperienza, mentre in seguito potrete enfatizzare maggiormente la verità ultima. L'illuminazione, infine, è quando scoprite che in realtà non c'è separazione tra la verità relativa e quella ultima.

1. Verità relativa

Ottenere la comprensione a livello della verità relativa è cruciale se volete raggiungere l'illuminazione, poiché è ciò che determina la vostra forza di motivazione e il vostro modo di agire nel mondo. In particolare, non potete ottenere la rinuncia senza contemplare profondamente argomenti come l'impermanenza, la sofferenza, il karma, la preziosità della vita umana, e i benefici della liberazione e del prendere rifugio. Se si mira alla completa illuminazione è essenziale contemplare e sviluppare la bodhicitta, il desiderio compassionevole di condurre tutti gli esseri alla liberazione, sapendo che si può realizzare questo desiderio soltanto svelando la propria natura di Buddha. Inoltre, se state seguendo un sentiero tantrico, allora è fondamentale comprendere l'importanza suprema del maestro di Dharma e contemplare il significato della devozione e della percezione pura, che è un preliminare essenziale per tutta la pratica tantrica.

Una contemplazione molto utile per tutti è quella sulla gentilezza amorevole o *metta*. Attraverso questa contemplazione potete acquisire la convinzione che tutti gli esseri sono ugualmente degni di amore e compassione, proprio come voi stessi. Un esempio di tale contemplazione si trova nel *Metta Sutta*:

> *Che tutti gli esseri siano felici e a loro agio; che le loro menti siano appagate. Qualsiasi essere vivente – deboli o forti, lunghi (o alti), robusti o medi, bassi, piccoli o grandi, visibili*

e non visibili, quelli che abitano lontano o vicino, quelli che sono nati e quelli che devono ancora nascere – possano tutti gli esseri, senza eccezione, essere felici e in pace!

Che nessuno inganni un altro e non disprezzi nessuna persona in nessun luogo. A causa della rabbia o della malevolenza, nessuno desideri alcun male ad un altro. Come una madre protegge il suo unico figlio anche a rischio della sua stessa vita, così si coltivi un cuore sconfinato verso tutti gli esseri. Lasciate che i vostri pensieri di amore illimitato pervadano il mondo intero – sopra, sotto e all'interno – senza alcuna ostruzione, senza odio, senza inimicizia.

Una contemplazione simile, basata sulla tradizione tibetana, è la seguente:

Iniziate riconoscendo che tutti gli esseri, proprio come voi, cercano la felicità e le sue cause. Portate alla mente una persona a voi cara, una persona che vi indifferente e una persona che potreste considerare un nemico, e pensate a come tutti siano ugualmente alla ricerca della felicità e vogliano evitare la sofferenza. Poi concentratevi sulla persona che vi è cara, ricordando la sua gentilezza nei vostri confronti e pensando: Vorrei che fosse felici... se solo potesse essere felice! Poi pensate alla persona che vi è indifferente: Vorrei che fosse felice... se solo potesse essere felice! Poi pensate al vostro nemico oppure a qualcuno verso cui potete avere del rancore: Vorrei che fosse felice... se solo potesse essere felice! Potete anche portare alla mente un bambino che simboleggia voi stessi – innocente, puro e degno di tutto l'amore compassionevole del mondo: Vorrei che fosse felice... se solo potesse essere felice!

Successivamente potete includere gli altri nella vostra contemplazione, allo stesso modo in cui potreste aggiungere

voci al foglio elettronico di un computer, estendendo la genti-
lezza amorevole alla vostra famiglia, ai vostri vicini, a quelli
che vivono negli immediati dintorni, al vostro paese e infine al
mondo intero, abbracciando tutti gli esseri viventi senza ecce-
zione. Potete anche combinare questo con la visualizzazione
di una luce rossa o rosa che emerge da una rosa al centro
del vostro cuore, riempiendo tutto il vostro corpo. Potete poi
estendere questa luce verso l'esterno per abbracciare ciò che vi
circonda, toccando tutti gli esseri viventi con la luce e il calore
della gentilezza amorevole.

2. Verità ultima

L'analisi profonda della verità ultima è il secondo aspetto vitale del
sentiero buddhista, poiché una corretta comprensione concettuale
della vacuità o dell'assenza del sè vi assicurerà di non allontanar-
vi mai dal sentiero corretto. Man mano che si progredisce lungo il
sentiero l'esperienza comincia a corrispondere con questa comprensione e, alla fine, si può abbandonare la "comprensione concettuale"
nello stesso modo in cui si lascia una zattera sulla riva del fiume una
volta raggiunta l'altra sponda.

Dal punto di vista Theravada ci sono una varietà di approcci
o "porte" per comprendere la verità ultima ("giusta visione"), ma
l'essenza di tutti gli approcci è costituita dai *tre segni dell'esistenza*:
impermanenza (*anicca*), sofferenza (*dukkha*) e assenza del sè (*anat-
man*). Per esempio, i cinque aggregati che costituiscono il nostro
corpo e la nostra mente – forme, sensazioni, percezioni e ricordi,
formazioni mentali e coscienza – sono considerati impermanenti,
incontrollabili e insostanziali. Gli oggetti dei sensi, gli organi di senso, le coscienze di senso e ogni esperienza che incontriamo sono
anch'essi osservati possedere queste tre caratteristiche. Contemplare
i quattro fondamenti della presenza mentale porta naturalmente alla

realizzazione dell'impermanenza, della sofferenza e dell'assenza del
sé, e così fanno anche le quattro istruzioni finali dell'insegnamento
del Buddha su *Anapanasati*:

> *Inspirare essendo consapevole dell'impermanenza,*
>   *espirare essendo consapevole dell'impermanenza*
> *Inspirare essendo consapevole della dissoluzione,*
>   *espirare essendo consapevole della dissoluzione*
> *Inspirare essendo consapevole della liberazione,*
>   *espirare essendo consapevole della liberazione*
> *Inspirare lasciando andare,*
>   *espirare lasciando andare.*

Nella tradizione tibetana c'è anche una varietà di approcci alla comprensione della vacuità, ma tutti seguono la filosofia Madhyamika o Via di Mezzo. Queste contemplazioni portano a comprendere non solo l'assenza del sé della persona, ma anche l'assenza del sé e l'interdipendenza di tutti i fenomeni. Nella tradizione Gelug si enfatizza *l'inseparabilità della vacuità e della originazione interdipendente*. Poiché i fenomeni sono privi di vera esistenza, appaiono in un processo di originazione interdipendente, e poiché sono originazioni interdipendenti, mancano di qualsiasi esistenza vera o sostanziale. Diversamente, la tradizione Jonang arriva alla stessa comprensione analizzando le *tre nature*. La base della vacuità della *natura imputata* è la *natura dipendente*, e la base del vacuità della natura dipendente è la *natura primordiale* o *natura ultima*.

Le tradizioni Kagyu e Nyingma, invece, enfatizzano un approccio più diretto di porre domande in meditazione per penetrare la vera natura della mente. Un esempio abbreviato di tale contemplazione, basato sugli insegnamenti del *Mahamudra* del nono Karmapa, è il seguente:

Osservate la natura della mente quando è ferma o stabile e domandate: Ha un colore, ha una forma? Ha un sorgere, un cessare, un perdurare, oppure no? La sua natura è uno stato di totale vacuità o è una chiara e vivida luminosità?...

Allo stesso modo, lasciate sorgere un pensiero o una sensazione ed esaminate la sua natura: C'è un luogo da cui sorge, un luogo in cui perdura, o un luogo in cui cessa? Si trova fuori o dentro il corpo? La natura del pensiero o della sensazione è una consapevolezza chiara e luminosa, e c'è qualche differenza tra questa e la consapevolezza chiara e luminosa che avete visto nella mente stabile?...

Poi dovreste esaminare la mente che riflette le apparenze ed in relazione al corpo: Quando riflette un'apparenza (forma, suono, sapore e così via), la mente e l'apparenza sono due cose separate? Se non lo sono, come sono collegate? Il corpo e la mente sono uguali o differenti?...

Infine, dovreste esaminare la natura della mente ferma e della mente in movimento insieme: La mente ferma e la mente in movimento sorgono alternativamente? La mente ferma è come un campo e la mente in movimento che sorge come un raccolto che cresce nel campo stesso? O questi due sono la stessa cosa come una corda e la sua matassa (nel senso che non si può avere una matassa separata dalla corda)?

In questo modo si arriva a comprendere la natura della mente, o la vacuità, per mezzo di *quattro visioni profonde*: la natura della mente quando è ferma (rimuovendo il soggetto), la natura della mente quando è in movimento (rimuovendo l'oggetto), la natura della mente in relazione alle apparenze e al corpo (rimuovendo sia il soggetto che l'oggetto) e la natura della mente ferma e in movimento insieme (non rimuovendo né il soggetto né l'oggetto).

Un approccio simile che coinvolge visioni profonde progressive è usato nella tradizione Zen (o Chan). Ciò viene realizzato attraverso l'uso di *koan* per penetrare la mente concettuale, come ad esempio *qual era il mio volto originale prima di nascere*, o *mu* (la risposta data da un grande maestro Zen alla domanda: un cane ha la natura di Buddha? Letteralmente significa "no"). Queste contemplazioni non possono essere risolte con un ragionamento logico, ma solo con una più approfondita visione profonda non concettuale, e le visioni profonde di uno studente sono ripetutamente esaminate da un maestro.

In sostanza, lo strumento della meditazione analitica vi permette di approfondire la vostra comprensione sia della verità relativa che di quella ultima, e di vedere come questa si collega alla vostra esperienza personale. Potete osservare gradualmente come la visione profonda nella verità relativa porti a una comprensione più profonda della verità ultima poiché, più rinuncia e compassione sviluppate, più potete apprezzare la natura interdipendente della realtà e più diventate "senza un sé". Viceversa, quando si apprezza come nulla esista in modo sostanziale e indipendente, si consegue un profondo rispetto, amore e compassione per gli altri.

CAPITOLO 5

Oggetti di meditazione avanzati

I. CONSAPEVOLEZZA APERTA COME OGGETTO DI MEDITAZIONE

Sebbene la vera visione profonda possa certamente essere ottenuta attraverso la meditazione analitica, un altro approccio che alcune persone potrebbero preferire è la meditazione basata sulla *consapevolezza aperta* o sul *stabilizzare la mente nel suo stato naturale*. Come la consapevolezza del respiro, questo metodo è adatto a coloro la cui mente è incline all'agitazione oppure al pensiero compulsivo. Tuttavia, per impegnarsi correttamente in queste pratiche, è spesso necessario aver completato alcune pratiche preliminari.

Dopo aver raggiunto un certo grado di concentrazione, è possibile concentrarsi ed essere consapevoli della natura della propria esperienza senza il bisogno di un oggetto di meditazione specifico. In questo modo si può lasciare che la mente si liberi da tutti i suoi schemi abituali e si stabilisca gradualmente nel suo stato fondamentale. Tale processo può essere migliorato aprendo gli occhi e concentrandosi sullo spazio vuoto di fronte a sé, semplicemente osservando e seguendo i pensieri, le emozioni, le percezioni, i ricordi e le sensazioni che sorgono e per poi dissolversi nuovamente in questo spazio vuoto, senza tuttavia essere coinvolti da essi.

Nella tradizione Theravada, il *Satipathana Sutta* parla della consapevolezza dei fenomeni, compresi i cinque aggregati, gli oggetti di senso e altri oggetti di consapevolezza. Un'interpretazione di tale sutta è lasciare che la mente si rilassi in uno stato di "consapevolezza non vincolata", semplicemente guardando la mente mentre gli oggetti sorgono e si dissolvono di nuovo nello stato di consapevolezza aperta. Nella tradizione Zen c'è una pratica simile conosciuta come *shikan-taza*, che spesso integra l'uso dei koan come oggetto di meditazione.

Nella tradizione tibetana ci sono una varietà di tecniche di meditazione che usano la consapevolezza aperta come oggetto. Un testo della tradizione Kagyu offre la seguente istruzione per affrontare i pensieri che sorgono:

> *Non importa quali pensieri sorgano, riconosceteli semplicemente per quello che sono, ponendo la vostra attenzione proprio su di essi senza pensare "devo bloccarli", o sentirvi felici o infelici. Guardateli semplicemente con l'occhio della consapevolezza discriminante, riconoscendo che sono soltanto il gioco della mente e lasciandoli passare senza afferrarli... come una sfilata di personaggi che marciano su un palcoscenico.*

Nella tradizione Nyingma ciò è talvolta conosciuto come *quiete, movimento* e *consapevolezza*, e l'istruzione è la seguente:

> *Riconoscete il movimento rimanendo nell'immobilità,*
> *Quando si verifica il movimento, rimanete nell'immobilità,*
> *Quando non c'è più alcuna distinzione tra quiete e movimento,*
> *Questa è l'introduzione alla concentrazione univoca.*

Perciò, ogni volta che il movimento si presenta, non dovreste trattenere l'immobilità o ostacolare il movimento – riconoscete invece il movimento immediatamente quando si presenta. Poi, riconoscendo semplicemente il movimento e rimanendo nell'immobilità, il movimento si dissolverà di nuovo nell'immobilità. Alla fine si può raggiungere uno stadio vibrante in cui il movimento può avvenire nell'immobilità e l'immobilità può avvenire durante il movimento, poiché il movimento non produce alcuna distrazione.

Lo stato mentale raggiunto con questa pratica è caratterizzato da tre qualità: beatitudine, luminosità e non concettualità. Questa mente è come il cielo, vasto e spazioso. Qualsiasi cosa la attraversi, che si tratti di nuvole, arcobaleni o fulmini, il cielo non reagisce. Come il cielo, potete allenarvi ad essere attenti a tutto ciò che si presenta alla mente senza aggrapparvi a nulla. Continuare questa pratica può portare a shamatha e, successivamente, alla visione profonda diretta, mentre si scoprono gradualmente le tre qualità della mente illuminata – la sua essenza vuota, la sua natura di consapevolezza e la compassione onnipervasiva.

Nella tradizione Jonang lo stato di consapevolezza aperta non concettuale è il fulcro della pratica tantrica di shamatha al buio. La postura speciale, con gli occhi spalancati che guardano nell'oscurità all'altezza della fronte, è un metodo tantrico molto efficace per "forzare" la mente nello stato non concettuale e usarla come oggetto per la concentrazione univoca. A differenza dei metodi della maggior parte delle altre tradizioni, non è necessario alcun processo di "interrogazione della natura della mente". Questo è un metodo straordinario che evidenzia le caratteristiche sottili, profonde e uniche del sentiero tantrico.

Un'ultima considerazione è che la pratica di consapevolezza aperta (o qualsiasi pratica di meditazione) può essere migliorata passando un po' di tempo dopo la meditazione a ricordare quali esperienze avete vissuto. Potete annotare le vostre esperienze in un diario, discuterle con un partner o semplicemente passare alcuni minuti ricordando come è andata la vostra meditazione, compresi i pensieri, le emozioni, le associazioni, le esperienze sensoriali, le immagini mentali e i ricordi che avete incontrato. Questo tipo di *consapevolezza rievocativa* può migliorare notevolmente la vostra capacità di mantenere la consapevolezza durante la pratica di meditazione.

II. I JHANA COME OGGETTO DI MEDITAZIONE

I jhana sono stati mentali estremamente raffinati di beatitudine e completo assorbimento che si possono sperimentare dopo aver raggiunto shamatha. Complessivamente ci sono otto jhana, che vengono raggiunti in sequenza, suddivisi in quattro *jhana di forma* (in cui è presente un tipo di forma sottile) e quattro *jhana senza forma*, dove non ci sono confini alla propria consapevolezza e la percezione di qualsiasi tipo di forma è svanita. Entrare in questi stati richiede una completa rinuncia al controllo, e la durata di tempo che si trascorre in essi dipende dallo "slancio" di concentrazione che si è stabilito. I quattro jhana di forma possono portarvi a stati di concentrazione più profondi di shamatha e possono, quindi, aiutarvi a sviluppare la visione profonda, mentre i quattro jhana senza forma non sono generalmente così utili.

L'introduzione ai jhana è descritta nel dodicesimo stadio dell'Anapanasati sutta:

> *Inspirare liberando la mente,*
> *espirare liberando la mente*

Secondo questa istruzione, entrare in un jhana è un processo di liberazione completa della mente che comporta lo sprofondamento o l'immersione nell'oggetto mentale sottile che è il centro della vostra meditazione. In alternativa, una luce brillante può avvolgervi insieme a una sensazione di estasi, mentre entrate in uno stato che è di completa beatitudine, ma anche stabile di totale attenzione. Mentre siete assorbiti in questo stato non avete alcun senso della posizione nello spazio, incluso ciò che sta accadendo al vostro corpo, né potete sentire, vedere o dire nulla.

Secondo il Buddhismo gli stati di jhana equivalgono all'esperienza dei regni della *forma* e *senza forma*, dove si dice che gli esseri rinascano se si familiarizzano profondamente con tali esperienze di meditazione o sviluppano attaccamento ad esse. Tuttavia, se non ci si attacca a queste esperienze e ci si avvicina alla pratica con la giusta visione e intenzione, i jhana possono essere uno straordinario oggetto di meditazione. In particolare, la quarta forma di jhana può aiutarvi ad acquisire un'eccezionale concentrazione univoca, e dopo questa esperienza potete facilmente penetrare la verità dell'impermanenza, della sofferenza e dell'assenza del sé.

La mente raggiunta attraverso la pratica di shamatha è un tipo di mente del regno della forma, descritta come uno stato preliminare, o di accesso, alla realizzazione del primo jhana. Dopo aver conseguito tale stato preliminare, il primo dei jhana viene raggiunto attraverso sette stadi preliminari successivi a shamatha. Ognuno dei quattro jhana di forma ha sette stadi preliminari, conosciuti come i sette posizionamenti dell'attenzione, e possono essere raggiunti solo progredendo attraverso questi stadi in sequenza. Le descrizioni che seguono sono soltanto spiegazioni approssimative, in quanto descrivono stati molto sottili o qualità della mente che possono essere raggiunti una volta sperimentato shamatha; descrizioni più dettagliate sono disponibili ma vanno oltre lo scopo di questo libro (infatti i monaci tibetani tradizionalmente passano molti anni a studiare questo argomento).

Queste sette posizionamenti dell'attenzione sono:

1. *Attenzione iniziale*

In questo stadio si ha l'attenzione specifica per iniziare la connessione con lo stato di jhana.

2. *Attenzione discernente*

Questo stadio ha un forte potere di discriminazione, basato sull'integrazione di studio e riflessione.

3. *Attenzione nata dalla convinzione*
La mente ora raggiunge una speciale qualità di convinzione.

4. *Attenzione isolata*
A questo stadio la mente ha un'attenzione che è totalmente libera da distrazioni sottili.

5. *Attenzione della gioia o del ritiro*
La qualità di questa mente è invitare la gioia dentro di sé e sperimentare una gioia travolgente.

6. *Attenzione analitica*
La qualità della mente in questo stadio è di avere un'analisi e comprensione sottili.

7. *Attenzione finale integrante*
Questo stadio finale rappresenta il completamento delle qualità che raggiungono l'effettivo stato mentale di jhana.

Dopo essere emersi dalla meditazione su uno degli stati di jhana, si può riconoscere il particolare jhana identificando un insieme specifico di qualità. Tali qualità descrivono uno stato mentale che diventa progressivamente più sottile e agiscono come antidoti ai cinque impedimenti – torpore, incertezza, malevolenza, irrequietezza e rimorso, e desiderio sensuale. Anche se sto descrivendo queste qualità con determinate parole, esse sono molto più sottili ed elevate di quello che le parole indicano normalmente. Il primo jhana ha quattro qualità: indagine e analisi, gioia, beatitudine e unicità. Quando si raggiunge il secondo jhana, la prima qualità cessa, quindi si rimane con una mente che dimora in uno stato di gioia, beatitudine e unicità. Il terzo jhana è caratterizzato da uno stato di beatitudine e univocità, mentre nel quarto jhana rimane solo l'univocità o equanimità. La concentrazione è più raffinata nel quarto jhana ed è pertanto incredibilmente potente.

Oltre il quarto jhana della forma, un meditatore può sperimentare i quattro stati di jhana senza forma: spazio illimitato, coscienza illimitata, vuoto e al di là della percezione. Tuttavia questi stati non sono generalmente così di beneficio poiché sono estremamente sottili e manca la concentrazione sviluppata nei jhana precedenti. Il secondo di questi stati, la coscienza illimitata, può in alcuni casi fungere da trampolino per la realizzazione della vacuità, anche se gli altri stati sono generalmente un ostacolo allo sviluppo della vera saggezza. Questa qualità della mente nei jhana senza forma non ha quasi nessuna percezione, essendo solo una forma o un'esperienza sottile della mente, e può proiettare il meditatore verso una rinascita nei regni senza forma, dove non si sperimentano forme fisiche: nessun suono, nessun odore, nessun sapore e nessuna sensazione tattile.

Avendo già raggiunto shamatha, si ha la capacità di vedere che il primo jhana è molto più sottile della mente shamatha stessa. Percependo la natura sottile e calma di questa mente, si è ispirati a praticare ulteriormente con diligenza per raggiungere i livelli più sottili dei jhana del regno della forma. Una volta raggiunto l'assorbimento nel primo jhana, si è stimolati ad accedere e assorbire se stessi nel secondo, terzo e quarto jhana. Dopo essere emersi da questi stati, un alto grado di stabilità e vividità viene mantenuto mentre ci si impegna nelle attività quotidiane, quando la mente ritorna al regno del desiderio. Mentre si è in meditazione si abbandonano temporaneamente i pensieri e le emozioni afflittive che caratterizzano il regno del desiderio; tra una sessione e l'altra essi si presentano ancora, ma con meno frequenza, intensità e durata.

La potente concentrazione raggiunta nei jhana apre anche la porta al raggiungimento della chiaroveggenza e dei poteri soprannaturali. Dirigendo la mente al ricordo delle vite passate si può raggiungere la percezione diretta di molte esistenze precedenti, ricordando la natura della propria esperienza in ciascuna di esse. Si può anche sviluppare "l'occhio divino", che vede direttamente il trapasso e la rinascita degli esseri, e come essi si muovono nei vari regni di esistenza in base alle loro azioni. Inoltre, si può sviluppare l'udito divino, la conoscenza della mente degli altri e le capacità soprannaturali che permettono di controllare i quattro elementi, come passare attraverso oggetti solidi, camminare sull'acqua o volare nello spazio. Tuttavia sviluppare questi cinque tipi di abilità soprannaturali non significa aver raggiunto la liberazione.

Il raggiungimento dei vari jhana può portare alla rinascita nei vari regni della forma e senza forma. Tuttavia, i meditatori buddhisti generalmente non perseguono la rinascita in questi reami, poiché di solito non è possibile praticarvi il sentiero del Buddha. La nascita in tali regni è libera da sofferenze grossolane ma, come tutte le cose, anche questo tipo di esistenza è destinata a concludersi. Poiché questo non sono necessariamente i posti migliori per praticare, una tale nascita può essere uno spreco di karma positivo. Ci sono, comunque, casi eccezionali di alcuni praticanti buddhisti che cercano di rinascere in questi regni per pacificarne rapidamente e temporaneamente le afflizioni, anche se la completa eradicazione delle propensioni di tali afflizioni dovrà avvenire in seguito. C'è anche uno stadio di conseguimento nel sentiero Theravada conosciuto come "senza ritorno", dopo il quale si rinasce spontaneamente in un regno della forma prima di raggiungere il nirvana.

Bibliografia

Molte delle pratiche trattate in questo testo sono approfondite nei libri seguenti:

Bikkhu Bodhi (ed). *In the Buddha's Words: An Anthology of Discourses from the Pali Canon* (Boston: Wisdom 2005)

John Barter. *Mindfulness Meditations with John Barter.* 2 CD Set (Sydney 2009).

Ajahn Brahm. *Mindfulness, Bliss and Beyond: A Meditator's Handbook* (Somerville: Wisdom 2006).

Ajahn Chah. *A Still Forest Pool: The Insight Meditation of Ajahn Chah.* Compiled by Jack Kornfield and Paul Breiter (New York: Quest, 1986).

His Holiness the Dalai Lama. *How to See Yourself As You Really Are: A Practical Guide to Self-Knowledge* (London: Rider, 2006).

The Ninth Karmapa Wangchuk Dorje. *The Mahamudra: Eliminating the Ignorance of Darkness* (Dharamsala: Library of Tibetan Works and Archives, 2002).

Shar Khentrul Jamphel Lodro. *Unveiling Your Sacred Truth through the*

Kalachakra Path, Books One to Three (Melbourne: Tibetan Buddhist Rime Institute, 2016).

B. Alan Wallace. *The Attention Revolution: Unlocking the Power of the Focused Mind* (Boston: Wisdom 2006).

L'autore

Khentrul Rinpoché Jamphel Lodrö è il fondatore e direttore spirituale di Dzokden. Rinpoche è autore di molti libri tra cui *Unveiling Your Sacred Truth (Svela la tua sacra verità), The Great Middle Way: Clarifying the Jonang View of Other-Emptiness (La grande via di mezzo: Chiarire la visione Jonang della vacuità di altro), Una vita più felice e Il tesoro nascosto del Sentiero Profondo.*

Rinpoche ha trascorso i primi 20 anni della sua vita pascolando yak e recitando mantra sugli altipiani del Tibet. Ispirato dai bodhisattva, ha lasciato la sua famiglia per studiare in una varietà di monasteri sotto la guida di oltre venticinque maestri di tutte le tradizioni buddhiste tibetane. Grazie al suo approccio non settario, si guadagnò il titolo di Maestro Rimé (imparziale) e fu identificato come la reincarnazione del famoso Maestro Kalachakra Ngawang Chözin Gyatso. Benché al centro dei suoi insegnamenti ci sia il riconoscimento che c'è un grande valore nella diversità di tutte le tradizioni spirituali che si trovano in questo mondo, Rinpoche si concentra sulla tradizione Jonang-Shambhala. Gli insegnamenti del Kalachakra (ruota del tempo) tramandati dai Kalki di Shambhala, contengono metodi profondi per armonizzare il nostro ambiente esterno con il mondo interiore del corpo e della mente. Questo tantra è collegato direttamente al karma della nostra terra per realizzare l'Età dell'Oro di pace e armonia (Dzokden). Khentrul Rinpoche ha dedicato la sua vita a diffondere questi preziosi insegnamenti in quante più lingue possibili a livello globale, in modo da poter veramente trasformare il nostro mondo, una persona alla volta, dall'interno all'esterno.

Shar Khentrul Jamphel Lodrö

La visione di Rinpoche

Dzokden è stato fondato con lo scopo esplicito di sostenere Khentrul Rinpoche nel realizzare la sua visione di una maggiore pace e armonia in questo mondo. Mentre la nostra comunità continua a crescere e svilupparsi, sempre più persone vengono coinvolte in questo straordinario progetto.

Per dare un'idea della portata della visione di Rinpoche, esponiamo qui di seguito otto obiettivi che riflettono le priorità a breve e lungo termine di Rinpoche:

OBIETTIVI IMMEDIATI

In ultima analisi la felicità genuina e duratura è possibile solo attraverso una profonda trasformazione personale. Ora più che mai abbiamo bisogno di metodi per sviluppare la nostra saggezza e realizzare il nostro più grande potenziale. È per questo motivo che Rinpoche attribuisce una così grande priorità alla conservazione del lignaggio Jonang del Kalachakra. Questi sono i quattro modi in cui Rinpoche si propone di farlo:

1. **Creare opportunità di connessione con un lignaggio autentico e completo del Kalachakra in stretta collaborazione con meditatori nel remoto Tibet.** Il nostro obiettivo è quello di realizzare tutti i supporti che consentano di praticare il Kalachakra secondo quanto trasmesso dagli autentici maestri del lignaggio

che hanno preservato questa tradizione per migliaia di anni. Lo facciamo commissionando statue e dipinti, scrivendo libri e portando questi insegnamenti in tutto il mondo. Poniamo particolare enfasi sul garantire l'autenticità del nostro materiale, attingendo alla profonda esperienza di meditatori altamente realizzati che dedicano la propria vita a queste pratiche.

2. **Istituire centri di ritiro internazionali per lo studio e la pratica del Kalachakra.** Al fine di integrare gli insegnamenti nella nostra mente è fondamentale avere l'opportunità di impegnarsi in periodi di pratica intensiva. Stiamo lavorando per creare l'infrastruttura necessaria che consentirà ai membri della nostra comunità di impegnarsi in un ritiro sia a breve che a lungo termine. Ciò include l'acquisto di terreni e la costruzione delle strutture necessarie per condurre ritiri di gruppo e in isolamento. Il nostro obiettivo a lungo termine è quello di sviluppare una rete di centri in tutto il mondo, formando così una comunità globale in grado di supportare una vasta gamma di praticanti.

3. **Tradurre e pubblicare i testi unici e rari dei maestri di Kalachakra.** Il sistema del Kalachakra è stato argomento di innumerevoli testi nel corso della lunga storia del Tibet. Finora solo una piccola parte di questi testi è stata tradotta e resa accessibile in Occidente. Sebbene i testi teorici siano importanti, miriamo a concentrarci in particolare sulle istruzioni pratiche che possano guidare i praticanti a un'esperienza più profonda di questi straordinari insegnamenti.

4. **Sviluppare strumenti e programmi per un'esperienza di apprendimento strutturata.** Avendo gruppi di studenti distribuiti in tutto il mondo, riteniamo che sia importante sfruttare al massimo la tecnologia moderna per facilitare il processo di appren-

dimento. Il nostro obiettivo è quello di sviluppare una solida piattaforma educativa online che consenta alla nostra comunità internazionale di accedere a programmi di studio di qualità intuitivi, strutturati e coinvolgenti.

OBIETTIVI A LUNGO TERMINE

Mentre ciascuno di noi lavora per raggiungere la massima pace e armonia nella propria mente, non dobbiamo perdere di vista il fatto che viviamo nel contesto più ampio di un mondo caratterizzato da un'incredibile diversità. Gli individui danno origine a una varietà di credenze e pratiche che a loro volta modellano il modo in cui ci relazioniamo e interagiamo l'un l'altro. In questa realtà interdipendente è vitale trovare strategie praticabili per promuovere maggiore tolleranza e rispetto. Per questo motivo, Rinpoche propone quattro aree specifiche di azione:

1. **Promuovere lo sviluppo di una filosofia Rimé attraverso il dialogo con altre tradizioni.** Desiderando di far parte in maniera costruttiva di una società pluralistica, dobbiamo imparare i modi per conciliare le nostre differenze. A tal fine, miriamo ad aiutare le persone a sviluppare le qualità positive che promuovono un atteggiamento di rispetto reciproco, apertura a nuove idee e il desiderio di superare la nostra ignoranza.

2. **Sviluppare esempi da seguire altamente realizzati offrendo supporto finanziario a praticanti motivati.** Al fine di garantire l'autenticità delle nostre tradizioni spirituali, è indispensabile che ci siano persone che attualizzino le più alte realizzazioni. Pertanto miriamo a creare un programma di finanziamento di borse di studio che faciliti i praticanti motivati che desiderano dedicare la propria vita allo sviluppo spirituale, indipendentemente dal loro sistema di pratica. Aiutare le persone a realizzare

gli insegnamenti fa sì che questi diventino modelli di riferimento positivi per coloro che li circondano, ispirando e guidando le generazioni a venire.

3. **Attuare il grande potenziale delle praticanti femminili sviluppando programmi di formazione specializzati.** La cultura tibetana ha una lunga storia nella coltivazione di maestri altamente realizzati attraverso la formazione intensiva di coloro che sono riconosciuti per avere un grande potenziale. Purtroppo la ricerca del potenziale si è concentrata principalmente sui candidati maschi. Rinpoche ritiene che sia sempre più importante disporre di figure di riferimento femminili altamente realizzate che possano contribuire a portare un maggiore equilibrio nel nostro mondo. Per questo motivo stiamo lavorando per sviluppare un programma di formazione specifico per offrire alle donne l'opportunità di realizzare il loro potenziale spirituale. Il nostro obiettivo è progettare un percorso di studio specializzato e l'infrastruttura finanziaria per supportare pienamente tutti gli aspetti della loro istruzione.

4. **Promuovere una maggiore flessibilità mentale e una più ampia comprensione della realtà attraverso i moderni programmi educativi.** In un mondo in rapida evoluzione, dobbiamo rivedere il tipo di competenze che stiamo insegnando ai nostri figli. Le rigide strutture del passato spesso non sono adeguate per preparare gli studenti alle sfide che dovranno affrontare durante la loro vita. Miriamo a sviluppare una varietà di programmi educativi che possano aiutare i bambini a diventare più flessibili e capaci di adattarsi al contesto che li circonda. Una parte importante di questi programmi è quella di sviluppare una maggiore consapevolezza del ruolo che la nostra mente gioca nelle nostre esperienze quotidiane. Miriamo anche a riformare

il sistema educativo monastico per accrescere la sua rilevanza nel mondo moderno.

COME POTETE OFFRIRE IL VOSTRO SUPPORTO?

Quanto detto non sarà possibile senza il vostro sostegno e la vostra partecipazione. Per una visione di questa portata serve una grande quantità di meriti e di generosità da parte di molti benefattori nell'arco di molti anni. Se desiderate offrire il vostro supporto non esitate a contattarci.

Dzokden
3436 Divisadero Street
San Francisco, California 94123
United States of America
www.dzokden.org